中华现代学术名著丛书

中国教育制度沿革史

郭秉文 著

储朝晖 译

商务印书馆
创于1897
The Commercial Press

2014年·北京

图书在版编目(CIP)数据

中国教育制度沿革史/郭秉文著;储朝晖译. —北京:商务印书馆,2014
(中华现代学术名著丛书)
ISBN 978-7-100-10001-4

I. ①中… II. ①郭… ②储… III. ①教育制度—教育史—研究—中国 IV. ①G529

中国版本图书馆CIP数据核字(2013)第117732号

中华现代学术名著丛书
中国教育制度沿革史
郭秉文 著
储朝晖 译

商务印书馆出版
(北京王府井大街36号 邮政编码 100710)
商务印书馆发行
北京瑞古冠中印刷厂印刷
ISBN 978-7-100-10001-4

2014年3月第1版 开本 880×1240 1/32
2014年3月北京第1次印刷 印张 6¾ 插页 1
定价:20.00元

郭秉文

(1880—1969)

出版说明

百年前，张之洞尝劝学曰："世运之明晦，人才之盛衰，其表在政，其里在学。"是时，国势颓危，列强环伺，传统频遭质疑，西学新知亟亟而入。一时间，中西学并立，文史哲分家，经济、政治、社会等新学科勃兴，令国人乱花迷眼。然而，淆乱之中，自有元气淋漓之象。中华现代学术之转型正是完成于这一混沌时期，于切磋琢磨、交锋碰撞中不断前行，涌现了一大批学术名家与经典之作。而学术与思想之新变，亦带动了社会各领域的全面转型，为中华复兴奠定了坚实基础。

时至今日，中华现代学术已走过百余年，其间百家林立、论辩蜂起，沉浮消长瞬息万变，情势之复杂自不待言。温故而知新，述往事而思来者。"中华现代学术名著丛书"之编纂，其意正在于此，冀辨章学术，考镜源流，收纳各学科学派名家名作，以展现中华传统文化之新变，探求中华现代学术之根基。

"中华现代学术名著丛书"收录上自晚清下至20世纪80年代末中国大陆及港澳台地区、海外华人学者的原创学术名著(包括外文著作)，以人文社会科学为主体兼及其他，涵盖文学、历史、哲学、政治、经济、法律和社会学等众多学科。

出版“中华现代学术名著丛书”，为本馆一大夙愿。自1897年始创起，本馆以“昌明教育，开启民智”为己任，有幸首刊了中华现代学术史上诸多开山之著、扛鼎之作；于中华现代学术之建立与变迁而言，既为参与者，也是见证者。作为对前人出版成绩与文化理念的承续，本馆倾力谋划，经学界通人擘画，并得国家出版基金支持，终以此丛书呈现于读者面前。唯望无论多少年，皆能傲立于书架，并希冀其能与“汉译世界学术名著丛书”共相辉映。如此宏愿，难免汲深绠短之忧，诚盼专家学者和广大读者共襄助之。

商务印书馆编辑部

2010年12月

凡　　例

一、“中华现代学术名著丛书”收录晚清以迄20世纪80年代末，为中华学人所著，成就斐然、泽被学林之学术著作。入选著作以名著为主，酌量选录名篇合集。

二、入选著作内容、编次一仍其旧，唯各书卷首冠以作者照片、手迹等。卷末附作者学术年表和题解文章，诚邀专家学者撰写而成，意在介绍作者学术成就，著作成书背景、学术价值及版本流变等情况。

三、入选著作率以原刊或作者修订、校阅本为底本，参校他本，正其讹误。前人引书，时有省略更改，倘不失原意，则不以原书文字改动引文；如确需校改，则出脚注说明版本依据，以“编者注”或“校者注”形式说明。

四、作者自有其文字风格，各时代均有其语言习惯，故不按现行用法、写法及表现手法改动原文；原书专名（人名、地名、术语）及译名与今不统一者，亦不作改动。如确系作者笔误、排印舛误、数据计算与外文拼写错误等，则予径改。

五、原书为直（横）排繁体者，除个别特殊情况，均改作横排简体。其中原书无标点或仅有简单断句者，一律改为新式标点，专名号从略。

六、除特殊情况外，原书篇后注移作脚注，双行夹注改为单行夹注。文献著录则从其原貌，稍加统一。

七、原书因年代久远而字迹模糊或纸页残缺者，据所缺字数用“□”表示；字数难以确定者，则用“（下缺）”表示。

谨以此专著献给所有对中国教育发展感兴趣的人们

目　　录

孟禄序

东方的知识阶层强烈地意识到东方对于西方知识的渴求。相应地，西方也希望了解东方的知识、理想、功业，不过感觉上并没那么强烈。郭博士的这本书，描述了最大且在很多方面也是最伟大的东方民族最近致力于探究西学的努力。同时，该书也清晰呈现了中国漫长历史演进中文化与教育制度的沿革。这就为西方人了解东方的情况做出了重要贡献。

凡是与中国人长期接触的西方人对这本书观点都深表赞同：尽管东方人与欧美人在观点和产生这些观点的方法上有所不同，但这并非智力上的高下之分，也不存在优劣之分。人种学家和社会学家都反复强调并服膺于这一观点。他们认为，欧美之不同于东方，表现在技术与知识上，而非个人才能上。只是由于中国人的生活价值观念不同于欧美人，所以在发明现代技术与科学知识方面落后于欧美。现在他们既然已经开始建立新的价值观，将来就必然有快速而根本性的改变。

人类社会的进步是由人类智慧推动的，而智慧是智力和知识的结晶。这就好比物理学上的力是物体的质量与加速度的乘积。*

---

* 此处英文原文用“mass and momentum”，本书商务印书馆 1916 年版此处译为“力系体积与动量之合”，“momentum”在力学上是动量、冲量，力与动量的关系是 F = MV，这里依据动量守恒定律与物理上力和物体质量与动量的关系定义改译成现在的说法。——译者注

中华民族确实是一个质量很大的存在物，当下所缺少的是加速度。假设中国人在现有智力基础上，输入现代科学知识，则必能获得西方人唯有尊敬却不可企及的成就。

最近日本在军备、商务、科学以及其他事业方面成果显著，是一个有力的例证。或许，在坚守固有价值的东方人看来，现代生活的成果，仍比不上祖先的道德行为及自远古以来所持守的基本价值。但是，西方人对近代的成就给予了高度评价，而东方人也逐渐予以认同。

中国三千余年来以平和政策维系民众的认同。长久以来，在西方诸国之精华几乎开发殆尽之际，而中国则地广人众，物产丰富。他们有众多最为重要的现代发明，如印刷术、火药、指南针，他们在机械制造上所显示出的独具匠心，在日常生活中所显示出的商业能力，也有其独到之处。若中国人能学习西方人的方法，将现代科学知识运用于已有技艺基础且已具规模的农、工、商业以及政治、军事，并发挥其能吃苦耐劳、品德纯朴的优势，则其前途无量，足以洗刷西方人对中国人愚昧、冷漠的偏见，而渐生仰慕之心。

郭博士所著该书，不独可以增进本国人对其先祖业绩的理解，且能使西方人恍然领悟到中国当下的维新变革。这一引人关注的变革利及东西双方。我们心怀期盼与祝愿。

保罗·孟禄

序于哥伦比亚大学师范学院

黄炎培序*

郭子鸿声示我所著《中国教育制度沿革史》，受而读之，盖空前之作也。因发余积感，杂书诸端。

中国富于史事而贫于史书。二十四姓之家乘，匪可云史。夫人能道之，坐是欲窥见古代教育之真精神，非从无字句处求之不可。求之不得，率焉诋为无教育。沟犹之徒，又谓时代益古，文化益隆，不胜其低徊慨叹。可云两失！夫至教育精神，须索之于无字句处，则见仁见智。一视乎其人自为。而秉笔者之事业与责任，将匪仅述焉而止。读其书，不知其人，可乎？余之重是书，以是书固郭子之书也。

是古非今，此习盖有由致。人群事物，由质而日趋于文，文胜之极，本意寖失，从而矫之，不觉神之辄与古会。子舆氏曰："后稷教民稼穑，树艺五谷，五谷熟而民人育。饱食、暖衣、逸居而无教。圣人有忧之，使契为司徒，教以人伦……"由前之说，生活教育之谓也；由后之说，道德教育之谓也。一部大历史，其始生活而已。演进之不已，乃有道德、宗教、政治等等。今卑视生产，不先教之善能自养，徒凭迂执之理想，枯燥之方法，欲以进民德，且日责詈民之不进德，洎乎争存益烈，情见势绌，转觉古代教育之犹近人情，而相与

---

* 英文版没有黄序，作者在1916年商务印书馆中文版中加入此序。——译者注

尊之矣。此其一例也。

今之谋改良教育者，其所揭橥，亦复时与古合。古之时初生弧矢，春夏干戈，非今所谓尚武主义乎？道而弗牵，强而弗抑，开而弗达，非今所谓启发主义、自然主义乎？六艺射驭，小子洒扫，诵诗专对，读《易》寡过，何一非与今之实用主义相印者。然则进化论之壁垒，不见摧于复古说乎？曰："无虑。"譬之美术家、文学家崇尚自然，竞取资于原人之制作，童竖之歌谣，谓其天性未漓，真趣独永。而究之画圣、针神，不传于草昧；拜伦、荷马，不属于孩提。况我国近二千年进化所由滞，一误为政策之愚民，再误于交通之梗塞，其事特殊。一部大历史，岂目光沾沾数千年间，而可与论文化进退者哉。教育之所为教，与宗教之所为教，有以异乎？无以异也。天命之谓性，率性之谓道，修道之谓教。道无二，教安得有二？所异者，教有宗耳。耶稣之后不能复有耶稣，穆罕默德之后不能复有穆罕默德，遂疑孔子之后不能复有孔子。尊之乎，小之耳。圣人之道，虽万古江河，可以不废，君子有过，如日月之食，人皆见之。人伦不可无模范，而不必纳之一式；百家不禁其腾跃，而不必强定一尊，教人不当如是耶！

郭子谓：吾国人民富于平等精神，其于教育制度亦然。非如英、德、法之有为缙绅立学者。此亦有故。盖吾国行君主政体数千年间，初未尝有良好、完密、坚强、整饬之政治，足以促国家与社会之进步。即论教育官制，自秦以来，盖亦疏矣。任吾民之自为谋，于是文化之进甚迟，固未免受政府不良之害。而阶级之风不烈，亦未始非受政治甚疏之赐。虽然，就世界全部大历史言，二千年间，彼此长短优劣、进退迟速，区区旦夕间事，有不足较絜者矣。

吾国凡百制度之完密统一，以周为最，史每称之。然其时辖地，视今中部一隅而未足。以今之幅员，而欲一切画一之，吾知难矣。画一主义者，今创立一切制度所受之通病，而教育与居一焉。夫法有必一者，亦有不必一者。既未周知四国之为，而欲立适于四国之法。古云“削足适履”，今纳天下足于一履，使彼诚一俯察天下足之匪一其度者，亦将哑然自笑其过当。而惜乎其梦：梦焉方日憎人之不我适，而自谓削之不获已也。望治方新，成事不说，前车之覆，其后车之戒也夫！

中华民国五年六月

前　言

近几年来，世人关注中国新教育时代到来的兴致显现，已有几本专门论述中国教育的英文图书出版，其中有玛格丽特·E. 伯顿(Margaret E. Burton)所著《中国的女子教育》(*The Education of Women in China*)、亨利·爱德文·金(Henry Edwin King)所著《中国教育制度的新近重建》(*The Educational System of China as Recently Reconstructed*)、胡燕荪(Yen Sun Ho)所著《西方视野中的中国教育》(*Chinese Education from the Western Viewpoint* [1913])。这些应时所需的著作，都揭示了中国教育的某一方面，因此在这一学科的文献中有着特定的价值。然而，对于中国公共教育制度及其长期的演变过程，仍需要有一部力作系统呈现其相互联系，透视古代及传统教育制度在朝代更迭背景下的兴衰，以及在共和体制下现代教育体系的重组。本研究试图满足这一期待，而限于作者的知识积累，本书先致力于向英语世界的读者清晰梳理中国教育的复杂历史。

在论述这一专题时，最难解决的问题是从可获得的资料中选择论题，以及确定每个论题在其中所占的比重。尽管做了精心挑选，但无疑尚有不少在各方面都很有价值的内容被省略；或某些方面虽被提及，详略处理还不够得当。尽管有这些缺陷，我深信这一关于中国公共教育制度发展演变总体构架的描述，不仅对那些以各种方式对中国教育感兴趣的人们十分有用,而且为后人做这方面的研究指明了一条道路。

本书的主体部分资料主要有两大来源:关于古代和传统教育制度的资料来自于一本权威专著——马端临的《文献通考》;作为补充和印证,还参考了法国人比奥特(Biot)所著《中国公共教育历史文献》(*Essai sur l' histoire de l' instruction publique en Chine*)*。关于现代教育的资料来源于中国的教育法令、教育部和其他教育机构的报告,当前各种官方或民间的教育期刊。其他信息来源已在参考文献中列出。

在此谨向哥伦比亚大学师范学院的法林顿(Farrington)、孟禄(Monroe)、希尔戈斯(Hillegas)等教授致谢,向哥伦比亚大学的希勒(Hirth)教授和外国教会普雷斯拜特林(Presbyterian)基金的赛勒(Sailer)博士致谢,也向审读过我的手稿的同事余先生和陈先生致谢!尤其要特别感谢的是负责指导我作这一专题研究的两位教授:斯特瑞(Strayer)博士和法林顿(Farrington)博士,他们自始至终对我的工作深深着迷。

1914年6月1日,纽约

* 这本书的作者全称为:比奥特·爱德沃德(Edouard Biot),书名全称为:*Essai sur l' histoire de l' instruction publique en Chine et de la corporation des lettres* 1847。——译者注

绪　言

研究历史、政治与教育的学生几乎都对中国教育制度沿革有着各种浓厚的兴趣，因为由此可获知在人类历史的早期，数百万中国先民集结于一体，领先于世界，创建高度文明的缘由，也可由此明了中国政体巩固、人民安居乐业的治术。中国教育制度的设计，旨在陶冶国民的性情，凝聚民心，使其趋向稳定统一，巍然屹立于世界民族之林。及至今日，举国上下教育官员们正殚精竭虑，寻求既适现代环境，又能满足最新需要的教育方式。对他们而言，教育制度沿革史也是实用的课程。的确，即便是中国历史上一个错误乃至失败的史实记录，在一定程度上也是对世界教育的贡献，因为它可警示其他国家避免犯同样的错误。简言之，中国教育发展的历史，与其他国家的教育发展有相同性，有诸多引人关注之处，在管理上有相互借鉴的价值，正面的例证可以作为模范和指南，反面的例证也可作为前车之鉴。

本书并非要写成中国教育全史。因为那样做就必须全面记述其知识与道德文化的发展，描述其丰富的面相，包括文学和科学、宗教和政治等，而且还要探讨各种教育制度与造成其复杂多样的国民性的因果关系，而这不是本书所想做的。我们想做的仅仅是对中国公共教育制度沿革加以概览，对自远古以至今日之激进过渡时代作一评论。所谓公共教育制度，即指国家为人民教育所主办与管理的学校。严格地说,它不包括科举考试制度。然而,在中国,科举考试历来与教育关系密切,且二者互相消长,故连带提及。从性质上说,公共教育制度本身不包括私人创设的学校,本书本不应涉及私立学校,但由于私立学校对中国教育发展影响巨大,又不得不加以略述。故而,本书将科举考试制度和私立学校置于从属位置,仅仅在有助于说明中国公共教育制度演变时才提及。尽管研究范畴如此有限,但本书的性质是概略而非专深,广博而非精细的。之所以深思熟虑后选取这样的研究计划,原因极其简单,当下所急需的是对中国教育史的概要,而非专门考证中国教育沿革某一阶段的精深专著。

教育史专业的学生当深知一个基本史实,在影响欧美各国教育的各种因素中,没有什么比宗教与政治更大。这两个因素也是中国教育命运的主导。在我们的探究中,将看到在中国教育的整个发展过程中,孔教、佛教、道教,以及近年来的基督教都直接或间接对教育制度发生影响。我们将注意到,中国有史以来,政治一直占有强大势力。可以这么说,国家能否长治久安就看政府能否尽心于教育。因此中国教育机制就是政府维持的一种政治制度,政府借此培养和启发国家观念,以实现国家稳定。每所学校如同一台由政府精心制造的机器,专门生产符合政府期望的国民,民主国家以培养未来的统治者为要,军事国家就以锻炼未来的军人为主。这样,每个国家都通过各自的教育机制培养其理想国民。

除了宗教、政治外,至少还有一种主导因素影响中国教育的发展,那就是“好古心”。中国人的特性就是尊重过去的一切事物,追溯既往的荣耀,而忽视未来的进步。造成中国今日现状的原因有二:一是昧于人类进步的公理。数千年来,人们坚信古代文明胜于当今,若能复古,则万事莫不达到至臻尽善境界。二是崇拜古代圣贤。崇拜到一言一动必尽心模仿,唯恐不及,违者罪莫大焉的程度。上述所列三个因素,即宗教、政治以及好古心,有时阻碍中国教育进步,有时促成中国教育进步。然而无论如何,它们都在以不同方式决定着中国教育的命运。

中国制度是中国特性的一种表现。反过来说,中国特性反映在中国制度上,特别是反映在那些教育制度上。中国人在精神上有了平等意识,就会反映到教育制度上。在中国古制里,自天子以至庶人,社会各阶层都能受同等的教育。依靠自己的能力由匹夫而为卿相的情况,秦汉以来常常有之。到了近代,教育制度虽变,而平等精神仍存。无论官立、私立学校,自小学至大学,各种社会阶层的子弟均可入学就读。至少不像我们所知道的英国以及某种程度上包括德、法诸国,有专为缙绅子弟而设的学校。的确,在这方面,中国教育制度与美国相比还有优点,因为美国上层社会送孩子进专设学校成为一种趋势,特别是在东部,以各种借口来选择学校还很明显。

此外,中国人与英国人、德国人相同,以极为保守著称,因此其教育制度也具有保守性。中国的保守性可用科举考试、国子监以及其他数千年不变的教育组织等事实加以证明。然而,中国人的保守性并非顽固不化,科举考试和其他教育机制正在发生的重要变化,都证明遇到不得不变之势,就会不再受到传统的羁绊而迅速发生改变。变革的启动可能较慢,可一旦发现真理,见了实效,他们就会毫不迟疑地进行根本性改良。既不畏艰难,也不惧险阻。中国人的保守特性与改革精神在本研究中都有充分的体现。

在评估别国教育制度优劣时，人们会自然或无意识地将它与自己国家的教育制度作比较。这里就自然会遇到这样的问题：比较的标准是什么？不管答案如何，将两种教育制度进行比较时，我们的判断似乎不应依赖于事先设定的条件，而应视其与各自环境的适合程度作判定。那么问题就并非是哪种制度更好，而是哪种制度更能适应其社会和政治背景。唯有考虑到制度设置的环境，才能对某一制度进行接近真实的估价；不考虑所处环境，就会偏向于以仅适用于理想条件下的理想标准对教育制度作判断。在对中国新教育制度作判定时，还必须记住为全民提供现代教育的新教育政策实施才若干年，未有充足时间发展得像其他国家那样完善。以公平的眼光看，则中国在世界教育史中，与其他国家相比，未尝逊色。

即便所有的差异都考虑在内，两种教育制度之间能否有真正的可比性仍值得怀疑。的确，不只一两位比较教育的研究者声明，两种教育制度的活力元素是不可以直接相互比较的。引用休斯(Hughes)的话说："我们可以将两国教育统计表放在一起逐项对比，比较两国校舍成本，比较两国教职员薪金，比较两国人均教育费，比较两国儿童人均教育费，比较两国照护儿童的规制，比较两国学校法律的相对效率，比较两国获得高等教育的难易程度，以及比较其他之种种；但这些数据并未涉及真正有活力的问题。因为关键在于：'哪种教育制度能为国家造就最好的公民？'一旦引入这个问题，就会看到对它的回答完全依赖于怎样定义'最好公民'。这个词在法国和德国的内涵自然与它在英国或美国的内涵不同，由此可知，要回答类似'哪个教育制度更好，德国或英国？'之类的问题，即便不是完全不可能，显然也是十分困难的。”①如此思考就能得出这样的结论：比较两国教育制度必须极度小心，比较安全的做法是，依据中国教育制度的宗旨来评价中国的教育制度，牢记任何国家的教育培养制度必须满足那个国家的需要才算成功。

或许有人要问：何以中国采用教育新制培养国民在各国之后？回答是：时势尚未形成此需要。数百年来，中国因高山峻岭的阻碍，大海荒漠的隔绝，少与西方各国交往。没有铁路或轮船，没有电报或电话，报纸即便有也很少，生活极为简单有限。每个地区的居民自成一统，闭关自守。旧有的教育制度不过是保国家太平，满足人民各安其业而已。随着蒸汽机的发明、铁路的建设，从西方国家来的传教士和机械师让中国人看到生活还可以更加完满、更加富足。而且，在与外族接触的过程中，中国屡受外侮，引发新的民族主义，使得中国不得不改变其社会、政治、教育等各方面的制度，以实现对外赢得竞争、对内求得安宁的目标。

即便是欧美各国，国民教育运动兴起也为时不远，直到19世纪才可以说是相当发达。所以说在世界各国中，不只中国采用新教育制度时间较短。的确，在进入现代社会的数个世纪以前，一些国家就建立了全国性的教育制度，但它们在各个方面都没有今日制度的发达与完备。不过，国民教育的必要性很久以前就被各国教育思想家认识到并加以提倡，如：路德(Luther)、诺克斯(Knox)、马尔卡斯特(Mulcaster)以及其他大教育家。

最后，必须看到一点，中国采用新教育制度虽然迟缓，但其一直认为教育是最重要的事。一些人在描述中国近来对现代教育的

① Hughes, *The Making of Citizens*, p.4.

热忱时，常将它表述为似乎是中国人对教育态度已经发生了巨大变化。然而，这种对西方知识的渴求并不如其初次出现时那么有代表性。事实上，这种精神与中国数千年来的特质，即对知识的尊重是一以贯之的。因此这种变化并非好学精神的实质变化，而是所学内容与对象的变化。原来喜好中国传统经典中的文学及伦理，现在则扩展到现实实用的西方科学。因为新的民族主义和爱国主义者认识到，这是他们实现理想不得不使用的手段。

第一章　古代教育制度的起源
（前2357—前1122）

原初的教育尝试

中国教育的发端可远溯至其文明发祥之时，至社会和政治组织刚刚发轫的最早阶段。在那个时代，民众教育的内容是粗浅的，形式简单，缺少文化和文明发展到更高阶段那样复杂的教育组织和内容。那时的先民正处于狩猎、游牧生活时期，或刚开始最早的定居生活。他们对年轻一代的教育主要通过各种手段满足身体的需要，如教他们打猎、捕鱼、牧畜，然后再由牧畜发展到耕种。个体在家庭或种族的日常生活中受到这种教育训练，无论是有意还是无意，这种教育的设计目的就是更善于利用环境和生产更多的物质生活资源。

有史可考明确建立的教育机构和内容可上溯到尧、舜（前2357—前2205）时代。尧、舜统治时代不仅标志着中国古代政治、社会与知识三方面发展到先进阶段，而且可被看作中国历史上最辉煌的盛世，类似于罗马帝国历史上的安东尼时期。在接下来的夏（前2205—前1766）、商（前1766—前1122）两朝，不仅可以看到在中国教育史上起着极其重要作用的历代选官考试制度的源头,而且可以看到国家学官制度的起源。开始设置学校、学院并广为发展,迅速形成完备的学制,直至今日,其发展之快也是中国教育史上所罕见的。

创设考试制度

中国古代教育制度是与为入朝做官做准备的竞争性考试制度紧密联系在一起的。然而,中国的考试制度最初源于测试在职官员的能力,然后有了有史记载的最早的实质性考试。[①]"举贤任能"是先贤的一句格言,考试被当作区分是否贤能的最有效的测试方法。记载远古贤帝舜的活动的《尚书·舜典》中写道:"三载考绩,三考黜陟幽明。"[②]至于考的是什么内容,由于当时文字发明不久,书本尚少[③],记载不详,难以考证。我们既不能说明他是否对候任者进行任何测试,也很难断定当时是否建立了这种定期的考试制度。不过,定期举办这种考试因之有了先例,并一直延续到现代。

设置学官

史书有可信记载,舜帝有虞氏设九官,其中至少有三官执掌教

① 考试有两种,分为职前考试和职后考试,职前考试由职后考试衍生而来,而且其发展势头后来者居上。

② Legge, *The Chinese Classics*, Vol. III, Part I, p. 50.

③ 最早的书为竹简,用尖笔将字刻于其上。一些中国历史学家试图说明在尧、舜以前就有大量成书的文字,但这一论点却少有可信的证据支撑。

育的职务。[①] 他任命契为司徒，教人处好五种人际关系，即：君臣有义，父子有亲，夫妇有别，长幼有序，朋友有信。他任命伯夷作秩宗，指导三种宗教礼仪[②]，任命夔为典乐官。这些教育官制建立于尧、舜时期，两个最早的朝代夏、商也沿袭下来了，不只在国都设立学官，在一些诸侯的封地也设有学官，至少在比较大的诸侯封地是如此。[③] 这些与政府其他部门并置的教育部门留下了十分重要的记录，它揭示出中国古代早期的教育，以及提供教育就是作为政府职责的基本事实。这部分解释了为何中国拥有明确目的的教育制度远远早于亚欧各国。

有史可考的最早的学校和学院

尧、舜统治时期，在王宫附近至少有两种教育机构，一种称作"上庠"，另一种称作"下庠"。上庠提供较高等的教育，或称为"太学"；下庠是提供较低程度教育的场所，或称为"小学"。这两种学校，也存在于夏、商两朝，但名称不同。夏朝分别称为东序、西序，都以在皇宫或都城的方位命名。商朝则分别称为右学、左学。右学在王宫之西，左学在王宫之东，其位置与夏时恰恰相反。这两种学校为王子、贵族与普通民众中的优秀子弟而设。《礼记·王制篇》记载：有虞氏养国老于上庠，养庶老于下庠；夏后氏养国老于东

① Legge, *The Chinese Classics*, Vol. III, Part I, pp. 47—48.

② 三种宗教礼仪是指敬天神、敬土地神、敬祖神的祭奠仪式。Legge, *The Chinese Classics*, Vol. III, Part I, p. 47.

③ Legge, *The Chinese Classics*, Vol. IV, Part II, p. 301.

序，养庶老于西序；殷人养国老于右学，养庶老于左学。[①] 在那些较早的朝代，养国老和庶老成为一种传统。君王定期拜访这些学校，对聚集在那里的老人表达尊敬，同时与他们讨论国事。拜访时形成了一定的礼仪，于是礼乐制度兴起。

据记载，在古代早期还存在另一些学校，如：校、序、乡学与瞽宗。校即教，是夏朝教平民孩子的学校。序即射箭，是商朝对这一类学校的命名。乡学则是给诸侯封地（乡）所设学校的名称。瞽宗的名称始见于商朝。瞽原意是目盲，通常指乐师，宗则表敬意，瞽宗意为向盲人乐祖致敬的大厅。这种学校设在王宫附近，是教习礼乐的场所。

古代教育内容

古代学官与学校的性质反映当时的教育内容为礼、乐与五伦之道三个方面。"礼"，最初仅包括祭拜天神、地神和祖神（人神）。礼让人熟练掌握在古代私人或公共生活起重要作用的祭拜礼仪，因为他们相信其财运和福气很大程度上依靠与天地祖先诸神处好关系，而处好这些关系要靠虔诚的祭拜。然而，在那时，"礼"一词还包括各种宗教和社会的惯例、礼仪与习俗，以及当地法律等，比如我们发现《周礼》、《仪礼》、《礼记》三本书都讲"礼"。显现于外表的"礼仪"（ceremony）一词常常被看作与"礼"的词义相当，但它

① "国老"包括官员和其他德高望重的人；"庶老"包括那些儿孙因公殉职的父亲和爷爷，也包括那些仅仅是年长的人。

并没有涵盖“礼”的真正内涵，因为“礼”不但包括外在的行为表现，也涉及所有礼貌与礼仪的正确准则。政府的政策、家族的组织、社会的信条都建立在真正的礼的基础上。为了说明礼在上述三个方面的重要性，卡勒里（M. Callery）曾概括道：“礼集中体现了中国人的全部思想观念，依我看，《礼记》是中国现有各种文献中能够最精确完整地向中国人自己和世界其他民族阐明礼的专著。人的情感可以以礼得到满足；人的职责可以以礼充分履行；人的善恶可以以礼的准则反映出来；人与人之间的自然关系，本质上通过礼联系为一体。一言以蔽之，对中国人来说，礼是道德、政治、宗教多元的存在，每个人与家庭、国家、社会、道德、宗教之间的多维关系都以礼维系。”①

古代教育内容中，乐次于礼。乐包括诗、歌、舞与乐器。《诗经》是自夏朝建立者大禹至公元前六世纪初的春秋期间所创作的各种带韵的民歌集。它为研究那一时段的“乐”提供了大量的线索。《诗经》中提及为数众多的乐器，其中有长笛、鼓、钟、琴、箫、管。《诗经》中的民歌分为以下四种：（一）各诸侯国的民俗歌谣，由诸侯贵族定期采集献给天子②；（二）天子廷宴时封建主所唱的诗歌；（三）诸侯会盟时所赋的诗歌；（四）赞美献祭的颂诗。不少民歌内容涉及战争、夫妇离别，此外还有耕作和狩猎、婚嫁和节庆的诗作。他们可以在诗中抒发对暴政的抱怨和对生活的哀愁。据《礼记》记载，在大型庆典中必须表演的舞至少有四

① Legge, *The Chinese Classics*, Vol. III, Part I, p. 47.

② 采集的民歌交给帝王的乐师，他能从这些作品的格调中判别出所在诸侯国的民风和习俗，由此判别出各封建主统治的好坏。

种,即干、戈、羽、龠四种,每种舞都是依据跳舞者手中所执舞器而命名。①

乐的功能是平和人的性情,陶冶人的品格,使其能与他人以及神和谐相处。②《舜典》记载舜任命夔作典乐官,并对其教本国青年人的音乐感到满意,他评说:"直而温,宽而栗,刚而无虐,简而无傲。"他还总结了乐的功能:"诗言志,歌永言。声依永,律和声。八音克谐,无相夺伦,神人以和。"③

前面已经述及,"五伦"就是建立五种人际关系,即:父与子,君与臣,夫与妇,兄与弟,朋与友。依据孟子的观点,处理这些关系应依照以下原则:父子有亲,君臣有义,夫妇有别,长幼有序,朋友有信。④ 他相信,人们脑中只要有了这些准则,就会生活在没有人际争斗、国家太平的社会里。

可见,尧舜以及最早的夏、商两个朝代,其教育本质上属于道德与宗教教育,仅涉及人际关系以及人与神之间的关系。那时的教育机构名为"序",教习射箭,事实上进行的是类似于体育与军事训练。我们今天所理解的文字教育,在那么早的年代几乎不可能存在,因为当时印刷术尚未发明。然而,据载,在那时的上庠,确实有学生研读竹简,考据竹书上的文字。⑤

---

① 《礼记注疏》,第20卷,第5页。

② 古茨塔夫(Gutsitaff)在他的《中国史》中写道:音乐是激发人性中柔和情感的手段,是促进国家和睦的手段,表明中国古代的音乐必然远远超过其后人的音乐水平,因为中国现代音乐并未发生先前曾经发生的效果。

③ Legge, *The Chinese Classics*, Vol. III, Part I, p. 48.

④ 《孟子·滕文公上》。

⑤ 《礼记注疏》,第20卷,第5页。

古代教育方法

中国古代的教育法较为简单，与其他各国古代的教育方法大致相同。由于当时尚无大量的知识或有组织的研习，也就很难了解当时的教育宗旨。虽有竹简，然而由于制成竹书不易，所以使用极为有限，数量也极少，仅见于上庠。道德养成与礼乐教育主要有两种方法，一是口述，二是示范练习。《礼记·内则篇》记载："教子弟以礼乐，师作之，弟子从之。"此外，史书向我们传递的古代统治者的理念为：作之君，作之师。统治者治民化民不常用教的方式，而是靠他们个人的品德和行为。这个例子表明，榜样示范的教学方法受到重视，模仿是习得的有效方法之一，在古代教育中发挥着重要作用。体验与观察在某种程度上教会了古代中国人一种心理学原则，即人会自然无意识地效仿其所仰慕者的生活方式，因此，榜样的作用，尤其在德行与礼仪上，其效力常常胜过劝告和指令。因为以身作则常常能让人更清晰地知道什么是该做的，或使人更乐于去做，这是仅靠文字语言的力量所不能实现的。

古代教育宗旨

我们观察到，文明初期的教育宗旨，不管有意识或无意识，都仅仅是为了更好地利用环境和生产更多的物质资源。然而，在尧、舜时期和夏、商两朝，社会发展到比较高的程度，导致教育目的发生了改变。此时教育宗旨明确为实现人我和平相处，维系国家安定。这种双重目标体现在一个熟悉的中国词语中:“修己治人”,意为修养自己和统治别人。修养自己就是将“五伦”的原则运用于自己的日常生活;统治别人就是用礼乐有效地控制公共与私人生活。[①] 用更通俗的话说,教育的目的就是以德行和文化修养自己,通过提升自己领导能力和品质影响他人生活,并以此控制社会。这一教育目的在中国历史上历经后世数百年都不曾改变。

① 《教育史》,第1页;《支那教育史》,第2页。

第二章　古代教育制度及其衰微（前1122—前206[①]）

周朝的建立者文王、武王、周公都是博识、正直、爱国之士，其所影响的各项创制使其成为古代最杰出的人士。这些创制既有社会层面，也有政治层面，推动社会快速进步。周朝极盛时，中国古代文明也进入最发达的时期。当时在政府管理、科学、教育、哲学上所取得的巨大进步，开创了精致优雅和文化繁盛的时代，论者常将其与希腊的伯里克利时代（Periclean age）相提并论。与此同时，我们此前追溯的古代教育制度与其他社会制度一并臻于完备，实际上既提供平民教育，也尽可能发展高等教育。此时的教育制度被认为是中国有史以来最完美的教育制度，一直为后世所称道。正因为此，这一制度值得在此加以详述。我们先叙述这一制度最完美的时期，然后讲述它的变迁，以及最终如何退化。

学校的名称、位置与性质

总体上说，周朝的学校分为两种：一种建在王城与诸侯首邑，

---

① 指周朝（前1122—前225）和秦朝（前255—前206）。（这里秦朝起始年从东周灭亡算起，未区分春秋与战国时代。——译者注）

另一种建在诸侯一般封邑。其承续下来的共有五种:上庠、东序、瞽宗、成均、辟雍。上庠的名称最初见于舜统治时期,是高等教育的场所;周朝时上庠则在王宫之西,王宫在都城之北,此时上庠成了一种初等学校,也教读写。上庠有时也称作"米廪"(即谷仓),因为它常常是储藏谷物供品的地方,天子在此颐养庶老,以弘孝养之心。东序是夏朝对高等学校的称谓,有时也称"东胶"。东序在都城的东部,位于王宫之右,由于它是进行高等教育的场所,在此教授各种礼仪和干戈羽龠等各种舞蹈,所以又称为"太学"。天子在太学颐养国老。瞽宗被认为起源于商朝,它相当于教学生歌唱和使用乐器的音乐馆,并且练习各种礼仪。成均是起源于周朝的学校,或称培养完美与均衡人格的学府,主要进行高等教育。顾名思义,学校的宗旨就是完善学生的不足,均衡其过分与有缺陷的方面。成均建在王城的南面。最后一种学校,辟雍,建在都城中心。对于这种学校的确切性质,尚无法确定。有人认为其仅仅是一个军事练习的场所,像古罗马供奉玛尔斯(Mars)战神的场所;有人又把它当作天子朝会群臣、会商国家事务的准教育场所。[①] 据元朝马端临引用的一本1092年出版的《周礼》记载,辟雍即是成均,用来进行高等教育。在《礼记·文王世子篇》中,"成均"一词作为进行高等教育的学校出现在先,然后才使用"辟雍"作为类似机构的名称,此后"成均"的名称就停止使用。很有可能这两个名称所指代的是同一种高等教育学校,只是在同一个朝代不同时期使用不一样的名称。然而,古代文献中的多数作者更倾向于将成均与辟雍

① "辟"和"雍"两个字在《诗经》和《礼记》用两种不同的书写符号代表,因此有不同的解释。

作为两种不同的学校。宫廷版《礼记》中绘有图示,标明周代五种学校的方位。辟雍位于都城中央,成均在都城的南部,上庠在都城的北部,东序在都城的东部,瞽宗在都城的西部。辟雍一词仅仅适用于天子所设的大学,各诸侯封地的都城所设的大学称之为"泮宫"。

周朝各地方的学校,设在闾的称为"塾",设在党的称为"庠"或"序",设在各州的称为"序",设在各侯国所辖乡的称为"庠"。[①] 闾塾常由设在村中街门旁两间供学习用的厅室组成。根据周朝人们的时间安排,春初开始工作后的每天,每个村民,无论男女老幼,自早即往学校接受教习,至晚方归。主持教习的人一般从七十岁以上曾经任职于官府、现归老于乡里的德高望重的人中挑选。村中的学校(闾塾)有时称为"庠",有时称为"序",这两种名称都是从前朝沿用而来。州学称之为序也是自夏朝始,当时序是教习射箭的体育场。建在各个侯国所辖乡的学校称为"庠",沿用了舜时的名称,当时为进行高等教育的场所。

教学内容

前文述及王都与侯国都邑各种学校时,已提到它们各自的教学内容分别为:在上庠中教读写;在东序中练习干戈羽龠各种舞蹈;在瞽宗中教习各种礼仪;在成均中学音乐。那些仅是为王太子、王子、卿大夫及贵族子弟开设的特殊课程。此外,当时普通的

① 根据周朝所采取的分封制,25 户为一闾,500 户为一党,5 党或 2500 户为一州,5 州或 120,000 户为一乡,若干乡组成一个侯国或封邑。每一个侯国中乡的数量是变化不定的。

学生，则以经义、道德、诗歌和算数、射箭、驾御以及其他生活技能。周朝的全部课程，根据《周礼·地官·大司徒》记载，包括“六德”、“六行”、“六艺”：大司徒“以乡三物教万民，而宾兴之。一曰六德：知、仁、圣、义、忠、和。二曰六行：教、友、睦、姻、任、恤。三曰六艺：礼、乐、射、御、书、数”。普通的教育内容则有五礼、六乐*、五射、五驭、六书、九数。以现代教育眼光看，那时的学校课程实质上包含德、智、体三育，与人的生活密切相关，是个体参与日常生活的准备。由此可见，周朝时的教育理念似乎已经注重身心和谐与均衡发展，可以说兼有雅典与斯巴达教育理念的优点，以训练智、德、体三育及军事技能为主。

《礼记·内则篇》中，详细记载了古代男孩与女孩生活的内容，不仅对当时教育性质有生动的描绘，而且显示出训练男子与教育女子方法的不同。下面分别叙述。

男子教则

当男孩六岁时，教他们学数数(1，10，100，1000，10000)和东南西北方位名称。七岁开始，男孩与女孩不坐同一张席子，不一起吃饭。八岁开始，孩子进出房门、落座和饮食时，必须后于长者。他们必须学会长幼有别，即学会礼让。

九岁的孩子，就教他们辨明日子(如朔望和干支纪年)。十岁

* 原文此处为“五乐”，这里依据引文原文和本书商务印书馆1916年版改为“六乐”。—— 译者注

就开始外出学习，学习书和数。衣着方面，不穿纯丝的衣裤。在庆典仪式和学校准则中，教习先示范，孩童们跟随模仿。教习们早晚研习十来岁孩童的行为和习惯，向年长者求教，研读竹简上的文字，学习如何讲解。

十三岁时，教孩子学乐、诵诗、舞勺。当他们到达十五岁时，可以舞象，学射御。

二十岁的男子进入成年，可以行冠礼。他从此开始学成人礼仪。可以穿皮或纯丝的衣服，可以跳禹设计的大夏舞，虔诚惇行孝悌，博学穷理，但不能做老师教别人（因为怕自己的想法还不够充分完善）。他们自我涵养，但并不表露于外。

三十岁，结婚有妻室，称为而立之年，开始履行男子的职责。（如：他会有一块田地来耕种，履行国民职责。）他还会继续学习，但不需要再有固定的方式，仅取决于自己心志所好。他们结交朋友，通过观察其志向而自我勉励。

四十岁以后学成志定，可以开始做官；要权衡比较不同事务特点，提出自己的观点，得到自己的观察；君臣间志同道合则任职听从，否则就干脆离去。

五十岁，升官加爵，可以入朝主政，可命为大夫。六十岁就可以从公共事务中退出了。*

---

* 附《礼记·内则》原文："六年，教之数与方名。七年，男女不同席，不共食。八年，出入门户及即席饮食，必后长者，始教之让。九年，教之数日。十年，出就外傅，居宿于外，学书记，衣不帛襦裤，礼帅初，朝夕学幼仪，请肄简谅。十有三年，学乐诵诗，舞勺，成童，舞象，学射御。二十而冠，始学礼，可以衣裘帛，舞大夏，惇行孝弟，博学不教，内而不出。三十而有室，始理男事，博学无方，孙友视志。四十始仕，方物出谋发虑，道合则服从，不可则去。五十命为大夫，服官政。七十致事。"——译者注

女子教则

女孩十岁之后就不出房门,一直要待在家里。由年长的女子教其谦卑有礼,养成听命服从的性格。女孩将自己的时间用于纺麻、缫丝或织布。她们要学会做女红,比如做衣服。在家庭举办祭祀时,她要帮着准备酒浆、竹器、陶器、肉酱和浸过的植物等各种祭品。在举行礼仪时,她要协助供奉这些祭品。① 十五岁的时候,可以用簪子将头发盘起来(如果已经订婚);到二十岁就可以出嫁。如果她的父母在这年逝世,则要等到二十三岁才能出嫁。如果进行正式的婚礼,她则是合法的妻子;如果没有,她就是妾。*

显而易见,十岁以后男子与女子的教育就开始有分别:男子自六岁受教育,十岁就外出求师;女子则足不出户,学习操持家务,仅做通常女子要做的事。② 依照《礼记》,以贞静为主,她们既不学习读写,也不练习数算。这类知识仅仅安排男子学习,而且要到十岁以后才学。这一事实充分表明周朝几乎不对女子进行智力训练。不过这并不意味着古代中国人没有意识到女子教育的重要,而是表明他们没有将智力训练作为女子教育的必要组成部分,因为他们认为女子的职责应以家务为限。女子教育应极力注重女性的德

① 这一说法无疑是相对于上层社会的女子而言,在前面已经提到的周朝乡村的闾塾中,通常在开春的季节里,男子与女子一同到田野中去做工。

* 附《礼记·内则》原文:“女子十年不出,姆教婉娩听从,执麻枲,治丝茧,织纴组紃,学女事,以共衣服。观于祭祀,纳酒浆笾豆菹醢,礼相助奠。十有五年而笄,二十而嫁。有故,二十三年而嫁。聘则为妻,奔则为妾。”——译者注

② 这一说法有其他文献印证。如在《诗经》中,常见女子学习如何备酒,如何做饭,她们所努力做的不过是为父母分忧。

容行为。据《周礼》记载贵族女子由公宫宗室进行系统化的教育，学习道德、言谈、仪表和职责。所以，周朝兴盛时期的女子，实际上是中国历代女子的模范，不仅影响当时，而且垂范后世。① 这种女子道德教育理念，在中国延续了数个世纪，对中国女子德行的养成发挥了巨大影响，从而提升了她们在家庭和社会中的地位。

教育方法

《礼记》中《学记》和《内则》两篇的不少段落都涉及教育，中国古人所遵循的教学原则在性质上是极具现代性的，显示出对人类心理特性的洞悉。后来中国教育的一大特点——死记硬背在那时就受到极端排斥。教育不是掌握前人已有知识的人为过程，而是依据人的本心，以发展人的天性为主。上述文献告诉我们，教育要由易到难，从粗浅到精细；转变的过程要一步一步逐渐进行，而非急于求成；巨大的成就需要通过微小的积累才能积小成大。再有，要集中注意，一时学一事，不可分心。在致力求学过程中，必须让学生自主奋发，其脑力才不会受到损伤，自主精神和才能才会充分发挥。

除《礼记》留下的信息之外，孔子的不少言谈也揭示出一些当时教育的方法。在谈到思考在学习过程中的重要性时，孔子说："学而不思则罔，思而不学则殆。"在谈到积极自主学习时，孔子说："不愤不启，不悱不发，举一隅不以三隅反，则不复也。"孔子似乎也

① Margaret E. Burton, *The Education of Women*, pp. 11—33.

相信由易到难、向上逐次提升的学习原则。因此,颜渊说孔子的教育方法是:"夫子循循然善诱人。"

战国时期孟子的言论也包含不少中国早期教育的方法。① 孟子曰:"君子之所以教者五:有如时雨化之者,有成德者,有达材者,有答问者,有私淑艾者。此五者君子之所以教也。"换言之,每个教师应该依据学生的个性用不同的方法,对五种不同的学生顺其个性而陶冶:第一种如时雨化之者是天资聪颖的学生,得所教必有所悟,热切并乐于接受教育,教的人因势利导,就如同及时雨那样收效显著;第二种成德者更爱讨论道德问题,只需对他们加以适当引导,使其步入正轨;第三种达材者是指在某个理论或实践领域有着特殊才能,教师因其所长加以适当督促就能使其成才;第四种答问者是指那些睿智和有批判个性的人,唯恐他所提的问题无人回答,常提令人意外的问题,对其就所问做答就可以了;第五种私淑艾者,是指"人或不能及门受业,但闻君子之道于人,而窃以善治其身"(朱熹注),是私下以君子之道修养自己的人。

入学、考试与升学

据《礼记》,当时能进国学与泮宫学习的人,不只是王太子、王子、王公的长子,还有卿大夫或太傅以及元士的嫡长子,以及从各王国普通家庭选拔出来的才俊也能到此深造。对这些普通家庭的孩子,不论其出身,只看才学。只是入学必须经过考试,考试的内

① H. A. Gils, *The Work of Mencius*.

容包括德行、治事才能以及言语表达。这种考试逐级选拔，从小学选出的优秀学生升入成均。在举行升学仪礼时，天子会到场亲授杯酒，以示荣宠。反之，那些考试不及格的人，则留下继续学习以待下次考试。然而，如果某位学生在德行、治事才能、言语三个方面有一方面擅长，也可升入大学进行更高级的学习。

依据《礼记·学记》记载："比年入学，中年考校。一年视离经辨志；三年视敬业乐群；五年视博习亲师；七年视论学取友；谓之小成。九年知类通达，强立而不反，谓之大成。"

周朝时，从低一级学校向高一级学校的升学制度也开始运行。可知，从党庠选出的优秀学生升入州序，从州序选出的优秀学生升入乡庠，从乡庠选出的优秀学生升入诸侯的泮宫，最后，泮宫中卓越的学生则升入国学。能从低一级学校升入高一级学校，是一件受人尊敬和荣耀的事，并被授予适当的学位。太学中最优秀的那部分学生，由司马鉴定其才干，授予官衔，充任王都或诸侯封邑的官位，享受相应的爵禄。*

学龄、学期及学年

对于周朝小学和大学的入学年龄，各家说法不一。据写于公元1世纪的《白虎通》、《大戴礼记·保傅传》和其他同等重要的著作的说法，王太子自八岁入小学接受初等教育，十五岁入大学接受

* 《礼记·王制》记载："司马辨论官材，论进士之贤者，以告于王，而定其论。论定，然后官之；任官，然后爵之；位定，然后禄之。"——译者注

高等教育。根据同一时代《尚书大传》* 的说法，公卿、大夫、元士之长子，为十三岁入小学**，二十岁入大学。有人由此认为孩子入学的早迟是依照其父母的身份贵贱而加以划分的。王太子和王子比卿大夫之长子早入学，是由于相信他比较聪慧。然而，相信《白虎通》之说的人较多，即认为孩子八岁入小学，十五岁入大学。

关于当时每一学期和学年的长短，后人知之不详。但有很多迹象表明，一年中的四季即为四个学期。而且四个学期中的每一学期所教的内容各不相同。就我们所知，如大约春夏季在东序学干戈与羽龠，在瞽宗唱诵；秋季则在瞽宗学礼仪；冬季在上庠学读写。《尚书大传》有一段描述了周朝时各个时间段进行何种教育的内容，提供了有关这一问题的更详尽的信息。其中写道：“故古者耕稼毕，男子未有室者，咸入学听讲。冬至，复之田亩，备农事，期四十五日。”

教育官

关于周朝的公共官员，《周礼》中曾有描述。① 其中提到教育官司徒职掌校外事务和内部教学的一切事宜；乐官负责指导学礼和

---

* 英文原指《尚书大传》的作者为马融，有误。——译者注

** 此处作者英文原文是十八岁入小学，而《尚书大传》原文有：“使公卿之太子，大夫、元士之适子十有三年始入小学，见小节焉，践小义焉；二十入大学，见大节焉，践大义焉。”王应麟《困学纪闻・卷八》：《书大传》云：“岁事既毕，余子皆入学。十五入小学，十八入大学。距冬至四十五日，始出学，傅农事”。这里依据《尚书大传》原文，并参考本书商务印书馆1916年版，采用十三岁。——译者注

① 《周礼》。

学舞;学官负责监督诵记和读写;礼仪由乐官及其下属负责。依据类似权威记载,乐官同时也掌管诸侯王国的教育事务、召集学子到校及负责成均的教学等。乐官与其下属不仅仅是教乐,还要负责德行、读书、舞蹈等科。文献中还提到名为庶士的教育官,负责教导儿童道德与行为礼仪。《周礼·地官》还提到有保氏教人六艺。《周礼》和《礼记》都提到一种大司马下属的重要的教育官名叫大司马*,他的职责是依据季节适时将学生集中到学校,教他们排练舞蹈,而且培养其孝悌之道。所以这样的教育官不只要教学生,而且要履行督察的职责。此外,还有乡师、父师、少师等教育官,专教乡、州、党各级学校,他们大多数是曾致仕退养还乡、品德高尚的老人。

学校数

古代学校数量的统计自然不全,然而有充分数据显示中国教育史上黄金年代的教育规模。

据《周礼》记载,王畿地方千里,有六乡、三十州、一百五十党、三千闾,闾有塾,党有庠,州有序,国有学。① 只要将这些数字与诸侯国的数量相乘,就可粗略得出当时各种学校的数量,假如再考虑到当时各等级诸侯国的大小,大致可得出学校总数。然而,诸侯国

* 此处引文原句为"another officer attached to the ministry of war, known as Chotsu",查阅文献,没有找到与"ministry of war"对应的官府机构,也没有与"Choutsu"对应的官职,查应为大司马。——译者注

① Cf. V. S. Ho, *Chinese Education*, p. 18;《礼记·王制》。

具体数量是多少,各家说法不一。在根据司马光《资治通鉴》提炼的《通鉴纲目》中,周朝第一位天子武王登基后,诸侯国的数量是70个,这一数量一直增长,汉时的官方记录则达到1800个。第二个数据归因于周朝后期,大国被分为小国,世代相传之后成了许多小国。*

教育行政

周朝时教育行政由中央政府专设官员进行管理。周朝的朝廷设有六官,即:天官、地官、春官、夏官、秋官、冬官。[①] 地官的主事称为大司徒,除管理贸易、农耕与社会治安,还负责教化万民。** 地官通过下属各部官员履行他的职责,他不仅"颁职事,待政令,而且以乡八刑纠万民"。通常,地官的属官、州长、党正,在一年中的某个固定的日期,召集当地民众,向他们宣读法律进行教育。这些官员也对民众的德行、道艺、军事能力等方面进行考核,其目的一方面在于表示鼓励,另一方面在于选拔其中优秀人才送到更高一级的学校深造。

---

* 据马端临《文献通考·封建考》自序道:"禹涂山之会,号称万国;汤受命时,凡三千国。周定五等之封,凡千七百七十三国。至春秋之世,见于经传者仅一百六十五国,而蛮夷戎狄亦在其中。盖古之国至多,后之国日寡。"——译者注

① 天官的首领相当于首相(大冢宰),其他五官都受天官大冢宰统管。

** 据《周礼》,地官掌管"体国经野,设官分职",地官属下的地方行政官员有:乡师、乡大夫、州长、党正、族师、闾胥、比长、遂人、县正、鄙师、赞长、里宰等。——译者注

考试或选举

在周朝，举贤任能以进入公共管理岗位的选举制度，可与当时完备的学校教育制度媲美。这一制度组织程度很高，包括对候选人和已经在朝服务者的考核。每个部门每三年进行一次考核，由官员和长者来指导主持，对有意在朝廷中任职的人进行德行和道艺的考核。每个部门的首长称为乡大夫，乡大夫将自己成功选出的贤能推荐给地官的首长大司徒。经过大司徒考核后，这些候选人将被送进乡学或国学。乡学中杰出的人才称为秀士，意为优秀学者，并且在部门或地区任职。他们将会被推荐给大司徒，他们的官衔将由大司徒确定。国学中杰出的人才称为俊士，意为很有发展潜力的学者，能升任国家更高的职位，如侯、卿、大夫、士等。俊士须受大乐正管辖，他们的官级则由大司马通过对其进行射艺的测试来确定。各种任命都要由天子或国王授令，他会收到各考官定期报送的书面报告，以了解这些人的品行和对其的任命。

对已经入职为吏的人也要进行定期考试。依照举吏的法规，高一级的官员需要对其下属的行为加以记录，留下那些值得留任的人，并将留任者名单书面报告国王。然后，国王根据报告召集这些官员加以考察，对他们进行民意测试。当一个人通过了所有这些环节的考核后，才会升入更高的新职位。当时的选举有三个阶段：第一阶段是州或乡进行的选举；第二阶段是卿大夫进行的选举；第三阶段是国王亲自进行筛选。周朝时，各诸侯国国王每三年向朝廷献一次贤能人才，以充任朝廷的官位。推荐贤能人才的数量依据诸侯国的等级而定，一等王国三人，二等王国二人，三等王国一人。

周朝举贤任能的制度至少有四个优点:首先,这一制度体现了平民精神。它以德行才能为本,对所有具有贤能品质的人开放,上自卿大夫,下至庶人,不论出身贵贱,不论贫富。其次,教育体系与各行政体系一样,都是高度中央集权,所有政策皆出自朝廷。再者,更有价值的是,这种取士考试明确以才能与德行为主要取向,不同于后世仅仅看重词章技巧的科举考试。最后,据文献记载,朝廷官吏虽多出自学校,然而学校制度并未像后世那样仅仅是预备考试的台阶。最后一点部分解释了周朝教育制度为何能发展到如此完善的程度,并在国家生活中占有极为重要的位置。

古代学校制度的衰微期及变迁期

自公元前8世纪始,周朝经历了一段较长的分封制衰微期。诸侯争霸,王室逐渐衰微,诸侯不再遵王命行事,依靠中央集权建立的学校制度也随之失效,高等和初等教育基本被忽视。受连年战乱的影响,国王也不再注重民众的教育。各种高官的位置在掌权的家族内世袭。昔日依据德行才干开放竞争的选举方法已没人再使用。这一时期在各方面与欧洲中世纪的黑暗时代相同。幸好到公元前6世纪,以恢复礼教为己任的孔子出现了,他试图复兴周朝的礼制。于是,他收集所有包含中国古代制度的印迹、信史、文献,考订古代制度文物,删定后来举世皆知的《诗》、《书》、《易》、《礼》,同时作《春秋》、《孝经》。他的弟子将其言论编成《论语》,编入《四书》，成为后世道德、历史与科学教育的基础。[①] 然而，孔子的学校并未畅行无阻地立即获得胜利，反而因当时阻力较大颇不得志。事实上，他自己在劝说当时国王恢复古制方面仅仅取得很小的成功，而他的若干门徒，游说于各诸侯国，发挥了一定的效果。在公元前4世纪中叶，即孔子百年之后，孟子出生于中国东部。他继往开来，劝说国王重新建立高等和初等学校，强烈反对官位世袭，宣称滥用世袭是使那个时代政府分崩离析的直接原因。孟子对国王的劝说依然收效甚微，但受到当时对现实极度不满的普通民众的注意。师法孟子之道建起的新学校快速增长，他的追随者也以惊人的速度增加。尽管由于当时社会动荡，相关文献少有留存，我们还是发现在公元前三世纪中叶颇有一群人持守孔孟之道，献身教育事业。秦始皇灭六国而统一天下，崇尚刑法。我们也发现孔孟教化的力量，含有孔子言论的文献受到民众尊重，儒生们形成一个强大的团体，敢于反对征服者所进行的变革，以经义批评抗议始皇，要求他们遵循典籍行事。希望中国文明应自他统治之时算起的秦始皇，见到学校中儒生常非议他所颁布的法令，拒绝接受他的意见，愤怒之下下令禁止评议。公元前213年，他采纳大臣李斯的献策，下令搜集天下私藏的《诗》、《书》，并全部焚毁，有敢谈论《诗》、《书》者处死，以古非今者灭族；他还禁止私学。460余名儒生因犯禁而被坑埋处死于咸阳。中国教育因此受到大挫折。

自春秋到战国再到秦，虽然周朝建立的完备学制已经消亡，但不能说中国没有一所学校。相反，天子失官，学在四夷，史料表明，国家不注重学校，民间的教育家辈出。孔子、孟子是其中最著名的

① 这些描述可参见 Giles, *Chinese Literature* 中的多篇文章。

例证。至圣孔子(前551—前479 *)的传记说孔子聪颖过人,自幼入学,十七岁即致用于世,晚年建立学校,归而讲学于洙泗,弟子不少于三千人,其中有七十二贤人。孟子(前372—前289**)的传记记载,孟母择邻而处,将家迁到与学校为邻的地方,使儿子有最值得模仿的榜样,并从中获益。然而,孔孟生活的年代,学校虽然存在,却不再由王室诸侯掌管或出钱资助,学校几乎都是私人创办。正是由于政府忽视此前各乡党或都城所办的各级学校,所以孟子四处劝说诸侯要:"谨庠序之教,申之以孝悌之义。"①

古代教育制度的衰微期也是教育大变迁的时期。这一时期,一个新的知识体系开始形成,它包含了孔子及其门徒的著作,不仅奠定后世教育的基础,也开启后世中国教育喜好文辞以及求学必读经书的狭窄路径。同时,原本是朝廷职责、由朝廷出钱和掌管的教育,此时都变为民间私人的事了,而且一直延续到此后多个时代。但这绝不是这一时期教育变迁的所有结果。由于学制废弛,政府对教育的束缚较少,思想自由,各人可以大胆发表自己的理论,从而哲学家辈出,极一时之盛。在这些重要的哲学家中,对后世教育发挥重要影响的有:孔子、墨子、老子、杨(朱)子、荀子、鬼谷子。在这些人中,孔子是最伟大的。因为这些伟大的先贤,不只是伟大的哲学家,还是伟大的道德家与政治家,而孔子的道无不深刻,孔子的德无不完备,是当时诸子所不可及的。与其说孔子是哲学家,不如说是道德家与政治家;与其说是道德家与政治家,不如说是无与伦比的教育家。孔孟教育原则和方法的显著特点是深刻

* 原文此处为"前449",据史实更正为"前479"。——译者注

** 原文此处为"前371—前288",据史实更正为"前372—前289"。——译者注

① 《孟子·梁惠王上》。

洞悉人心，十分注意开发人的自然本性，与现代的自然教育法相一致。① 他及其门徒的著作中体现的道德、社会和政治原则，成为选举制的基础，也成为中国历代教育的内容。

除了上述哲学家所办学校的影响，当时还有一项发明对中国文化教育的发展产生了极为巨大的影响，就是用毛笔书写汉字，这一发明归功于秦始皇的大将蒙恬*。此后就不必再用铁笔在竹简上书写了，在布或绢上就可以书写，大大促进了思想的交流和知识的普及。另一项同样重要的发明是秦臣李斯发明了一种比此前各种文字更容易书写的汉字书法，称为“小篆”。这些发明标志着教育的不断进步。如果没有焚书坑儒，秦始皇在中国教育史上会有很高的地位。

时至今日，人们仍普遍认为，秦始皇统治时期，中国教育的生机已被摧残得荡然无存。事实上，焚书坑儒仅仅表明他憎恶一种教育，秦始皇和他的大臣们是想兴办另一种教育。世所皆知，秦始皇的丞相吕不韦，直到公元前335年依然花费大量精力搜集古籍文献，并据此编写著名的《吕氏春秋》。再者，我们发现有一群附属于皇家的学者被称为“博士”，他们掌管着皇家图书馆（即博士馆）中的古籍，并对其中内容十分熟悉。据马端临记载，秦始皇授权博士指导为数甚众的学生研究这些古籍。此外，在实施焚书令时，医药、卜筮、种树、农业之类的书特予保存，不在焚毁之内。秦始皇和

① Cf. H. Eudem, *Confucius and His Educational Ideals*, In Proc. N. E. A., 1893, pp. 308—313; Faber: *The Mind of Mencius*.

* 这一说法见于《太平御览》引晋张华《博物志》中的“蒙恬造笔”，但据多方面史料考证，蒙恬并非毛笔的发明人。《庄子》中有“宋元君将画图，众史皆……舐笔和墨”一句，说明在秦以前就已使用毛笔。——译者注

他的大臣们所做的,仅仅是禁止儒生在他们的学校中议论政令的功过,为了阻止他们的讨论,便焚烧他们的古籍,从而使他们失去批评和对比的凭藉。经过秦朝的劫难,古代完备的各级学制遭到破坏,大小学校荡然无存,一切都不可复原。为了追踪教育的进一步发展,我们要进入到汉代,那是一个对世界文明发展留下不可磨灭印迹的时代,也是在中国历史上很有研究价值的时代。

第三章　后续朝代教育发展概览（前206—1842）[1]

如前所述，周代教育制度的衰微标志着中国最好的教育制度已消失。[2] 这样说并不意味着以周代教育制度与后来教育相比较，在每个具体方面都是超过后者的，而是指古代教育在以公用经费提供大众教育方面优于后世；周朝提供的教育训练注重实践操作，与当时的生活密切相关；那时的教育制度虽然一部分是为培养官吏，但普通人自初等学校升入高等以至最高等的学校也秩序井然；教育制度的不同部分之间协调有序。但就学校的组织、课程、教学方法以及其他方面而言，周朝以后各朝代的教育还是有进步的一面。汉以后各朝教育制度不断变迁，然而本研究仅能对总体发展趋势加以追踪，以便在今天能全面评价教育发展的历史过程。

汉朝教育的发展（前206—221）

汉朝一个显著的变化是，随着汉高祖平定秦末纷乱，社会上很

---

① 本章所使用的资料除明确标明的外，来源于以下著作：《文献通考》的学校与考试制度部分、《教育史》、《支那教育史》、《万国教育史》；以及 Biot, *Histoire de l' instruction publique en Chine*。

② 参见第二章第一段。

快就广泛兴起学习的潮流。汉朝的建立者刘邦优待礼遇儒生,儒生开始昂首挺胸起来。在儒生们的不断请求之下,刘邦的儿子汉惠帝于公元前191年废除秦始皇焚书时颁布的禁止阅读儒家经典的“挟书律”。公元前136年,汉武帝初置“五经博士”,为了保藏古籍手稿,要求搜集孔子经籍手稿,儒生们搜寻散佚文稿的热情被极大地激发出来。于是人们从隐匿处寻找被隐藏的经籍;任命编辑委员会;投入大量人力修补由秦始皇造成的对文学与教育方面的损伤。儒家经典成为国家指定的教科书,儒生们不断增加孔子言论在教科书中的分量。虽然汉代儒生注解的经书到12世纪被宋代理学家们对经书的全新注解所替代,但由于那些博士们的早期努力,使得儒家典籍对中国人的思想发生深刻而持续的影响。在这次伟大复兴的中期,蔡伦发明了树皮造纸的技术,这一发明与秦朝时蒙恬以兔毫*制笔的发明一样,成为新文明发展的极大动力。

与此同时,在“罢黜百家,独尊儒术”政策之下,孔子之道或儒家典籍中的主张成为政府确定政策、治理天下的正统观念,也是考试士子和选拔官吏的德行才能标准。[①] 为显示对孔子的至高尊敬,朝廷对孔子后代的长子都有封号,这一例规自汉代形成后直至现今从未中断。自汉朝开始的尊孔读经之风,历代相沿,对中国后世教育产生了极大影响。因为从此以后,教育因受经书限制而较此前自由空间大大减少,教育的内容也墨守儒家典籍,守旧泥古,窒息进步。既然教育的内容只看重经书,学者便沉浸于经籍中被陶镕成儒生,其极盛时期与古罗马时期倡导西塞罗主义如出一辙。

---

* 此处英文是骆驼毛,参考相关文献和本书商务印书馆1916年版改为兔毫。——译者注

① 汉朝考试制度的建立归功于汉武帝。

以长远的眼光看，前朝“独尊儒术，罢黜百家”的政策对中国文化的发展确实是件极其不幸的事。由于从此以后学者们习惯于重述并谨守孔孟之道，不敢发表自己新的思想，这就使得对早期文明以新替旧的企图完全消失，人们所希望的仅仅是不要比它落后得太多。其结果是，学者们总是在古人的固化思路上徘徊，没有发表思想的兴致和自由余地，而这恰恰是文明进步所必需的。

简述汉朝的总体学术背景之后，接下来将从学校制度和为选拔官员而设置的选举制度两个最重要的方面，深入探讨中国教育制度的发展。汉朝时，由于分封制与郡县制并行，官员并不都从学校中选任，而且选举制度在不同时期有所更改，所以不能用一种说法概括全部。有时候官员继续从学校中选拔，有时则由郡守或县令推举①，而且较高职位的候选人必定是从较低职位的官员中选出。郡守和县令有权自行选任他的助手和下属。上述被郡守、县令推举的候选人通常要经过一种考试才能任职，但是在特别情形下也可免试直接任命。东汉时期实行的选举办法有两种：一种是县令将被荐人上报给郡守；另一种则是县令将自己举荐的人直接上报皇帝而不需经由郡守核准。采用第二种方式的候选人通常才能超群、声望卓著。两汉选官制度总称为“选举”，但在不同皇帝当政时期所使用的名称各不相同，通常依据所选候选人需具备的才能来确定名称，如“孝廉方正”意味品德高尚；“孝廉”意为孝顺与诚实；“博士弟子”意为有学问。也就是说，有德行才能的人不怕没有入仕的门路，有特殊才能的人也不难发挥所长。两汉选举人才

---

① 在秦始皇时期，对国土进行重新划分，设郡县。中国分为三十六郡，每郡设长官。每郡下辖若干县，每县以县令为首。在汉武帝统治时期，创设了一种新的行政区划，名叫州，其面积大小在郡与县之间。总而言之，汉武帝设置了十二个州。

的方法和制度如此完善，以致后世历代从未超越。

考察不同制度的历史与方法是一件很有趣的事，但这超出了本书考察的范围。这里值得注意的是，在汉代，学校不再是做官的唯一途径。由于教育不再有巨大的需求，于是公共教育机构逐渐退化。

教育机构的正式重建始自汉武帝（前140—前86）*时，汉武帝采纳大胆谴责世袭制的儒生董仲舒的献策，于公元前124年在京城长安建立一所高等学府（太学），以培养有才能的官员。他又设立五经博士，以鼓励研究经籍；并发布诏令要求各郡国地方官吏向礼部荐举修德明礼的人为太学的学生。在数年之前，蜀郡郡守文翁重视教化，在他所治的蜀郡建立学官，设经师讲五经，考核学生，鼓励学经。武帝得知此事，下令嘉奖文翁，并令其他郡国都效仿蜀郡，兴办学校，汉代教育由此趋于完备。王莽秉政时，天下大乱，西汉学校制度荡然无存。** 到了汉朝后期，光武中兴，又重建大学，其后明帝、顺帝继承他的志愿，极力扩充太学。到了质帝、桓帝当政时，太学更见兴盛，以致来学听讲者增长至三万余人。在光武帝和他的儿子明帝当政期间，中国除了官方兴建的学校外，私学也遍布天下，从初等学校到高等学校都有。这类学校里的学生研读古代经典，练习礼仪，行尊孔仪式，与官学形成互补。可惜最后在桓帝及其继任者灵帝当政时，皇帝昏弱，且受到宦官与追随老庄道学的信徒们的蛊惑，文人再一次被排挤，常被以各种借口迫害。教育与

---

* 此处与通行史书上记载的汉武帝生卒年（前156—前87）有所不同。——译者注

** 这句英文原文无，从前后文衔接起见，参考本书商务印书馆1916年版添补。——译者注

选举制度都变得支离破碎，曾经繁荣的汉朝也走到了终点。

在进入下一个时期之前，值得一提的是，汉朝教师所使用的教学方法与欧洲贝尔和兰卡斯特所使用的导生制有很大相似之处。汉朝著名的经师有董仲舒、马融、郑玄。通常教师高坐讲堂，向高足讲说经义；这些学生又向那些理解得稍浅的人讲授，由此递次传授，直到初入门的学生。使用这种传授方式，高足常能亲耳聆听老师的讲解，但次一级的学生则常常很难见到老师。据史书记载，郑玄求学于马融门下，三年未能见到老师一面。

汉唐间教育的发展(221—557)

从汉朝灭亡一直到公元589年的三百余年，是中国内部各小国间战乱不断的时期。起初中国分为三国，后又统一于晋。后来又经历北方的五胡入侵，中国分为南北两个国家，继而统一于隋朝。*

西晋建立之初，在京城至少设立了太学与国子学两种官办学校。后者的人数渐增至三千人，兴盛时达到七千人。但后来五胡从北方入侵，这些学校即被废弃。东晋时期，重建了太学，任命了经学博士，但由于政局不稳定，学校也飘摇不定。南朝时期的宋文帝，在京城设立了四所专科式的大学，即儒学、玄学、史学与文学。此外，还建立起国子学，毕业于国子学的人升入学士馆。然而学士馆存在的时间较短。在北朝，魏道武帝初定中原，即在京成立一所

---

* 原文此处未分段，这里依据行文逻辑，参考本书商务印书馆1916年版分出段落。——译者注

大学，置五经博士。后来献文帝在位时发出诏令，要求各乡设学，郡置博士、助教。要求各郡设两名经学博士，两名助教，六十名学生。据诏令，后来各郡国的博士与学生人数依据各郡国的大小来确定。大郡设两名博士、四名助教、一百名学生；面积稍小的郡设博士两人、助教两人、学生八十人；中等大小的郡设博士一人、助教两人、学生六十人；最小的郡设博士一人、助教一人、学生四十人。孝文帝除了在京城设立国子学，又设立初等程度的学校——四门小学。通过这种方式鼓励讲经兴学，士大夫阶层因而兴盛起来。北齐及其后的隋朝时期*，首都的大学与郡与乡的学校频繁兴办又迅速关闭，只有太学和国子监①是例外，它们存在了很长一段时期。当时的太学中也仅有两名博士、七十二名学生。然而，那时由士人建立的私人学校数不胜数，因为他们在朝廷不得志，便致力于传道授业。其中不少人通过著书立说、创立教授法或对教育的巨大奉献而成为著名的大教育家，其中最重要的有刘焯、刘玄和王通。

自汉朝到唐朝之间三个世纪，几乎有一半时间处在动乱之中，这一期间的教育史可以简述为：执政者不再严格依照儒家经典的原则行事；基于经籍学习的教育制度受到宦官和黄老学说、佛家学说的抵制和敌视。自公元1世纪起，佛教深深影响了中国文化。佛教在儒学衰微中发挥的作用最大。魏晋六朝间，选举制度多变、紊乱、无规则。选拔和推荐官员候选人的中正制，也为特权阶层操

---

* 这里英文原文的主语是“隋朝”，依照本书商务印书馆1916年版此段表述前的主语用的是“北齐”。经查文献，北齐的官学衰败，私学兴盛，而后面所述具体的事也出自隋朝，所以这里以“北齐及其后的隋朝”为主语。——译者注

① 这个朝代结束时国子学改名为国子监。（准确的改名时间为：西晋武帝咸宁四年[278]始立国子学，北齐改名国子寺。隋文帝时改寺为学。不久废国子学，只设太学一所。炀帝即位，改为国子监。——译者注）

控，只知徇私，很少举贤，难以令人满意。最终的结果是，所有重要的官位又传给了高官的子孙，一段时间后世袭制又在实际意义上恢复了。

唐朝教育的发展(620—907*)

公元7世纪初，唐朝开启了持续三百年繁荣兴盛的局面。在强大而豪放的统治者治下，中国再一次成为统一的帝国。虽然其间也有内乱外患，但其励精图治走向繁荣的大趋势却不可阻挡，其总体图景是太平、繁荣和进步。唐朝常让中国人联想到浪漫、健康、文明和优雅，不过最最重要的是历史、文学和诗歌。① 唐朝初期，高祖，特别是唐太宗奖励教育和学术，学校发展迅速。正是在这一时期，日本、高丽以及其他邻国都派遣子弟来唐朝求学。

唐朝的学校制度十分完备。在京城设有六学，即：国子学、太学、四门学、律学、书学、算学。国子学是为文武三品以上官员的儿子或孙子、二品以上官员的曾孙而设置，学生数限制为300人。太学招收文武五品以上官员的儿子或孙子、三品以上官员的曾孙，学生数限定为500人。四门学能容纳1300学生，其中500人为文武七品以上官员的孩子，800人为平民子弟中有突出才能者。律学即

---

* 通用的历史年表中唐朝始于公元618年。——译者注

① 现代中国人评论道："诗，起源于《诗经》，发展于《离骚》，突飞猛进并完备于唐朝。一些佳作确实写于汉代或三国时期的魏朝，那时候的诗人有丰富的素材，但语言表达显得不足。"1707年，《全唐诗》出版，内收各种诗48,900首，编成900本书，装30个书箱。参见Giles, *Chinese Literature* 诗歌部分，其中有对唐诗更详尽的描述。

学法律,仅供50人学习。书学即练习书法,可供30人学习。算学供30人学习。在京城的六学都由国子监管辖,国子监是国家的大学。在京城还有弦文馆与崇文馆,是为贵族子弟设置的学校,宰相及一品功臣的儿子都有资格入弦文馆或崇文馆学习。在京城,除了太学和为贵族子弟设置的学校外,还设有一所名为广文馆的学校,为想考进士的人的求学场所;此外,还设有京都学,专门教五经。

在京城以外,唐朝在地方的府、州、县,甚至每个乡村都设有学校。在最大府和中等府都要建能容纳60名学生的府学;在比较小的府则要建能容纳50人的府学。各州依据大中小的不同,建立50—60名学生的州学。县学也依据县的大小建立20—50人的县学。当时无论公立学校还是私立学校,都以"五经"为主要课程。

马端临《文献通考》中《学校考》详细记录下当时学校的教授法与京城内外各种学校的教学科目。这部著作还记有考试的规则与学生升学的程序,包括在同一所学校内的升学和从一所学校升入另一所学校。它向我们显示,京城各校的学生,或是由各府学校选送的优等生,或是其他各类学校的学生通过竞争性考试选拔,这是进入京城高等学校的仅有的两种途径。

唐朝的取士制度主要有三种,即:生徒法、贡举法和制举法,代表三种不同的入仕路径。从京师的六学二馆,以及州、县的各个学校毕业,被选送到京城准备考试的人被称为"生徒"。没有进过学校但在州县的考试中成功通过,被送到京城进行考试的人被称为"贡举"。有突出才能的人,在天子亲自监督下考试的方式被称为"制举"。换言之,士子通过考试入朝为官的途径有三条:一是毕业于学校;二是通过州、县竞争性考试;三是接受天子亲自面试。马端临在《文献通考》列出一张表，详细记有唐朝各种学位以及取得学位的条件。获得秀才和明经需要考五经中一段经文的解释，写一篇方略策。680年以后的规则要求，进士考试需要写一首诗，但五经与方略策的考试比考秀才稍稍放宽些。明法考试要选择一些法令或皇帝颁布的律令进行分析。明算则要考针对某个论题运用数学做科学技术原理说明的专题论文。然而，有时成功通过考试获得学位的人太少，以至玄宗天宝元年(742)因无合格秀才人选而下诏废除秀才学位。

唐代早期皇帝建立了学校制度与考试制度，其继位者会因时制宜做些变更，其中细节不一一赘述。740年，翰林院诞生了，这是一个从属于宫廷的皇家学术机构，帮皇帝解答一些文学上的难题。后来，翰林院实际上供养所有为皇帝编史、督学、指导各地公共教育，还有主持各种竞争性考试的人员。

同时，学者的生活环境也不平静，因为自730年至756年之间，唐玄宗崇尚道家的玄学，设置了与儒学博士相等数量的玄学博士。740年，皇帝在京城建崇玄学，专门用来研习老子、庄子、文子、列子四位道家的著作。他给予道学博士与国子学博士完全等同的职衔；建立道学考试和选举制度，一切规例与取士制相同。这一新制度还未延续到玄宗统治末年，就因不久后发生安史之乱、北方各府陷入混乱而遭废弃。759年，京城遭到洗劫，直到763年新皇帝代宗即位，才开始在其先辈的基础上重建各种学校，重新组织学术研究。有史料证实，当时的重建工作收效甚微，大学教师薪资虽微薄尚且不能按时支付，小学教师则为生活所迫不得不自行耕种才能实现自给自足。加上宦官横行，缠扰在代宗和他孱弱的后继者周围，不少人滋蔓到考试与大学机体中，对学校与考试的危害剧烈。

宪宗于807年下令,在东西二京长安和洛阳各设六所学校。然而由于唐朝国势的衰微,未能落实。

736年,考试制度在主办者方面发生一次大变革。此前由吏部举行的各种考试,从这年开始移交礼部掌管。这一权力回归礼部是很自然的,因为数个世纪以来,取士考试的内容都是以礼为本,考试自当属于礼部职责范围。但由于考取的人员要由吏部量才授职到有空缺的行政岗位,这就引发吏、礼两部官员间不断的权力暗斗。礼部考学术,吏部选才能,于是,一方面吏部列出成功通过考试的候选人名单;另一方面,礼部列出通过才能选拔出来的人选名单。两部之间的工作不能协调一致,有些人不幸被礼部选中而吏部从不授予官位,有些人虽然未能被礼部选出却被吏部授官。那些未获礼部认可而获得吏部授职的人,多是奖励性的低级职位,他们中的大多数是高官的儿子。自晋朝(260*—420)开始,以父荫而得官就成为一种惯例。而且,这些官员的儿子极易进入由高官照护的国学。到代宗时,宦官对此特权陋习的维护更有力,自那以后,通过考试获取候选资格的士子得官的难度更大。以至于常有这样的现象出现:礼部将考取的名册送交吏部,十个人中只有不到一个人能获得吏部的授官。《文献通考》记载,在夏、商、周三代以及两汉期间,举士与举官是合而为一的,成功通过考试的人没有得不到官职的。但到了唐代,通过考试选士属于礼部职责,在合格的候选人中任命官员则是吏部的职责范围,于是举士与举官成为不同的两件事。

在讨论下一个时期的教育之前,唐朝还有一些与教育有关的事

---

* 通用历史年表中晋始自公元265年。——译者注

需要在此加以说明。公元8世纪初，唐朝各位皇帝沿袭汉朝曾有过的做法，经常在听朝的间隙请一位学者讲论学术，以期对朝政有所启示。进朝廷开讲的学士，都由京师或都府的长官引荐。此外，竞争性的选举考试专门设立了早慧少年考试；各府州县设立督学官对入选士子的德行进行考察。702年，创设武科科举考试制度，颁令规定考试和学位，通过考试的人可如明经、进士那样。武举考试在800年被废，808年又恢复。最后一点，唐朝各府州县建立了不少医学专门学校，它的考试和学位授予与普通取士制度相同，医士认证的设立大大激励了对医学的崇尚和研究。

以上就是关于唐朝教育发展的简要概述。唐朝结束于907年，此后经历了如急风暴雨式变换统治者的五代(907—960)，长达半个世纪。没有稳定的教育机构，几乎没有值得一提的教育。接着，我们来讲下一个伟大的朝代——宋，它是中国历朝中热忱振兴文化教育的杰出朝代。

宋朝教育的发展(960—1280*)

宋朝，是中国历史上另一个士人极为活跃的时期。在这一时期，后唐宰相冯道(881—954)发明了雕版印刷的技术，并应用于书籍的大量印制，极大地促进了知识广泛传布。宋代史学、经学、文学、训诂学以及诗词学等方面巨匠辈出，宋朝历位开明君主都热心于此。宋朝虽然在1125年至1127年遭辽、金入侵，掳走徽、钦二

---

* 通用历史年表中宋朝灭亡的时间为1279年。——译者注

帝,导致当朝皇帝丢失皇位流落在外,但宋朝努力开创中国教育历史上的新纪元,在历朝中当仁不让地居于前列。

宋太祖接受周的禅让建立宋朝后,在京城重建了国子监,接收七品以上官员的子弟入学。1043 年又重建四门学,既招收官员子弟,也招收平民子弟。次年,国子监博士获得批准,仿汉唐的规制重新建立太学。太学创始之初,校舍极为简陋。然而,到 1068 年,太学已大为改观,建立起充足的校舍,初具规模,能容 900 名学生。京城以外全国各地州府学校的重建也是从仁宗时开始。他在 1044 年下诏,命令所有州县用公费设立学校。仁宗见到各州县学校选择教师不慎,便于 1044 年下诏戒饬州县官员,要求各州县学校一律由地方官挑选合格人员任教。后来在王安石影响下,皇宫附近设立了一所学习法律的学校,用明法考试替代明经考试,此外还设立武学并聘定教官。1079 年,新创"三舍法":依据学业表现将太学生分为外舍、内舍、上舍三个等级。第一等外舍生员 2000 名,第二等内舍生员 300 名,第三等的上舍生员 100 名。三个等级代表着三种学业水平,初入学者进入外舍,外舍学生通过考试可升入内舍,内舍通过考试可升入上舍。升入上舍的学生就有直接授官以及享受其他特权的可能。这种分斋教学的三舍升迁法就是要奖励并引导太学中的士人求实学,而不仅仅学会作诗赋以博取功名,从而提升太学的水平。此时的官吏选任法仍沿袭了唐旧制的两条路径:一是从学校出身的学生中考试选任,另一为从非学校出身、通过竞争性考试的人中选取。王安石所建立的三舍法在 1086 年被废弃,1094 年又在太学恢复,并沿用很久。1099 年,朝廷发出诏令将三舍法推广到各种学校。并授权学校可颁学位,所颁学位与通过考试所获学位等同。1103 年,诏令暂停所有公开考试。博士也不再由吏部*选任，改归州官任命，这一改变让士子们感到总体上选择等级的可能性减小。此后，因士子们抱怨哀请，1121 年各州县废除三舍法。然而，待到徽宗被金人北虏，宋朝迁都今浙江省会杭州府后，1142 年曾一度再行使用三舍法。

在 1104 年，宋徽宗还在京城及各州创办了算学、医学、画学、书学四种专门学校。马端临保存了这四种学校的课程信息，显示其仿照古代时县学的模式，注重德行与文学教育。但那些新建的学校只是昙花一现，随后蔡京被罢相，四种专门学校也被废止；继而蔡京又被召回，四种学校又随之恢复。辽、金入侵后，高宗南渡，曾于 1132 至 1145 年间多次发出诏令，要求在新的京城及尚属他统治下的南方各州兴学。1151 年下令，要求各州县设立高等督学官，在特定土地的收入中抽取一定比例用于维持学校的开支。但总体上说，因为战争和税源限制，可用于学校教育的地产税和财政津贴远远不够大量学生就学的需要。此时博士已无权举荐毕业的学生，科举已成为正规的晋升渠道。

尽管宋朝初年各位皇帝都不重学校建设，科举制却获得极大的发展，因其被认为是为国家斟选优秀官员的一种有效且必要的方式。当时，除各州长官有权荐举人才的制度外，还设有包括及第、五经、律学、算学及其他专门学科的各种考试。考试一直由礼部操控，礼部确定获得进士及其他功名所需的不同条件。据马端临记载，宋朝的考试科目与唐朝大同小异；不同的是考进士时更加看重诗赋。这样选取的进士，能更好地为以后进翰林院从事写作

---

* 此处英文原文为“礼部”，经查史料并参考本书商务印书馆 1916 年版，改为“吏部”。——译者注

工作做准备,而不是去地方做官。

总而言之,宋朝时的士子更加注重考试而轻视学校,因为通过考试他们就可获得官位。也正是在这个朝代,考试制度变得更加整齐划一,采取了更加严密的方法来防止作弊,这些规则一直沿用到最近。我们在前面已经提到,北宋末叶的11世纪末,国子监、太学以及其他各专门学校的博士有举荐士子获得功名的权力,通过他们举荐所获得的功名与经过礼部考试所获得的完全相同。1103年,朝廷进而颁布诏令暂停考试制度,于是举荐士子获取学位的权力全都属于各位博士。然而,辽、金入侵后,南宋废除了所有博士举荐士子的特权,功名完全由科举确定。但此后的考试专重诗赋,不关注现实,违背了这一制度设计的初衷,无法选拔优良忠诚的行政人才。这种研究已经偏离孔子及其弟子们所建议的目标。马端临说:"宋代养士之德行,非尽本于古礼,去孔门之道远哉。"

对宋朝教育发展状况的考察,如果不提对后来教育发展产生巨大影响的理学,那是不完整的。早在汉朝,中国就有儒生毕其一生注解古代典籍。注经一开始依据经文的文本,对其意义加以评议,每位学者严谨地依照自己的观点解经,并传授门徒。然后各派观点就作为一种需要被恪守的神圣教条,在门派内师徒相授,任何人都不敢有半点背离,成为一家之说。于是同一经文出现了多个门派的解说。东汉年间,马融、郑玄等人聚集各派门徒,汇聚各派的经文注解,不以一家自封,综合成新的注释,成功打破了各派分立的状况。后来,唐朝学者又竭力对汉朝学者所作的注解加以疏解。然而,汉唐学者对典籍做的所有注疏评论,都坚守惟古是从的原则,没有人敢于探寻新的真理。注疏工作主要是记住古代的信条并在此基础上写文章。但是到了宋朝,受当时在中国发展起来的佛教的影响,一批伟大的思想者兴起,他们看到汉唐学者徒尚训诂的局限,成功建立起理学这一新的哲学流派,改变了汉唐以来的教育理论和实践。追踪其哲学观点和界定其各派范畴不是我们在这里讨论的主题,只要说他们都是儒家学者就够了,虽然有证明显示,他们都受佛老学说潜移默化的影响。但他们都小心翼翼地既不崇儒,也不崇佛老,主要通过精心选择折中的方式避开那些门派的影响。其时有两种哲学流派:一派主张唯心论,心外无物,物不过一种想象的幻影或片断;另一派则主张唯物论,心则是由物生成的。两派都谆谆教诲要遵从一元论。宋朝的思想家们综合那些片面的观念,折中于两派之间,大胆断言自然中存在二元论,主张理和气是宇宙万物的本原。① 一些对中国哲学有深入研究的人断言,不止一种的中国哲学思想早就含有现代科学的精意,得出了不少为后世科学所验证的结论。

这一时期的著名学者有邵雍、周敦颐、张载、程颢、程颐、陆九渊、朱熹等*。当然,其中朱熹对中国教育的影响最大,也最著名。他著作颇丰,除据司马光《资治通鉴》撰写了至今仍是标准中国历史书的《通鉴纲目》之外,又注解了《四书》,在所有儒家经典注解者中居于第一流。"朱熹对儒家经典的注解与汉朝儒生的训诂不同,以'义理当否'作为判别各种意见是否一致的内在逻辑标准,而汉代儒生的训诂不仅在其所处的时代且在后世都被奉为圭臬。因此,朱熹依据当时的政治伦理与社会道德的标准加以注解。他极端反对脱离前后文对一个字词加以注解,因为同一个字在一段文

---

① Martin, *The Lore of Cathay*, p. 37.

* 此处英文原文的人名排序是周敦颐、邵雍、程颢、程颐、张载、陆九渊、朱熹,译文按照其在理学发展中发挥作用的先后次序排序。——译者注

句中可能是一种含义,在另一文句中则可能是另一种含义。因当时对经籍注解的异议较多,朱熹所使用的方法效果神奇,此后学者对经义的注解,多从朱熹。”①

与上述哲学家明显相反的是伟大的政治改革家与经济学家王安石(1021—1086),其显赫的一生对宋朝教育发展也发挥了巨大的影响。他重新注解儒家典籍以使得他的一些激进改革名正言顺。他还对考试制度作了改革,废除考试中华而不实的诗赋词章,要求对考生进行联系实际的经义策论考试。一位中国学者说:“相应地,即使是乡村的小学生也多抛弃诗文,而学习历史、地理、政治、经济等学科”,他说,“我已经成为什么书都读的人,诸如古代医学、植物学等书。我甚至浏览农业、织业的专书等所有我觉得有益于掌握儒家庞大体系的书。”然而,像其他伟人一样,王安石的思想和行为在其所处的时代过于超前了。由于在朝廷中不为保守势力所容,他被贬为州吏,虽然不久又被朝廷召回,但他很快就去世,他的政策很快被推翻,他所注的经义也遭禁废。

在结束关于宋朝教育发展的讨论之前,有必要对辽和金的教育状况做一简述。辽和金起源于北方部族,先后占领中国东北部领土。辽虽以武力占领了北方,但在文化上逊色于南方的宋朝,于是模仿宋在辽的京城及其在北方统治的区域建设学校,实行科举考试制度。金人灭了辽后,在教育方面效仿辽制。他们在被征服的各州恢复用汉文进行的科举考试,以补充空缺的行政官员。他们用女真文翻译中国各种典籍,印成汉文与女真文对照本发到被征服民族的各个学校。他们也用女真文进行科举考试,金人与汉

① Giles, *Chinese Civilization*, pp. 94 – 95.

人考试合格的人分别给予举人、进士。进而,他们设置了法律考试,为早慧儿童开设童子试,又在金各地遍设医药学校。

金国在宋国的北方,这提醒我们另一个不应被遗忘的事实:由于金常常出兵侵伐南方,威胁南宋朝廷,也一直威胁宋朝统治的其他地方的安危,这警醒宋朝不得不时时重武艺,作为御国之计。于是,高宗在 1135 年建立武举制并在 1157 年颁令在京城设立武学。1169 年,在军队中赐予武举功名,与文举相同,以巩固前线。

元朝教育的发展(1280—1368)

在 13 世纪初,蒙古人崛起于北方,宋与蒙古人结成联盟夹攻金。然而金灭亡后,蒙古人并未像宋朝预想的那样满载着战利品回到大漠中的故乡,而是调转枪口指向宋朝。不难想出,宋朝的灭亡乃是由于宋朝帮助蒙古人灭了金,实际上使蒙古少了一个劲敌,反而能够专心谋划攻打自己,最后让蒙古人顺利拥有了全中国。

征服者对中国文化几乎没有兴趣,且也并不乐意在政府中给汉人太多职位,也因此他们不急于恢复此前的选举制度和重建学校。然而有些较为开明的皇帝,持续庇护文学与教育事业。于是,1269 年元世祖忽必烈下令颁行萨斯迦教派法主八思巴创制的蒙古文字。1280 年,又下令重订中国历法;1287 年,重新开设国子监。在他的政策倾斜之下,各州县也开始设立学校。在元仁宗统治时期,京城和各州府恢复选举制度,诏告各地举荐贤能者应试。考试科目包括经术和时务策。由于当时各种经书已经译成蒙古文,考生被分为两种,用蒙古文考试的人共考两场;用汉文考试则要考三场。同等数量的汉人与蒙人被授予高官,为了避免蒙古人的不愉快,使得其在各行政分支机构中的官吏数迅速增加了一倍。这种等额配置官员的办法一直沿用到元顺帝1335年下诏停止科举,所有官长都用蒙古人。同样是在顺帝统治的1340年,汉人群起反抗,为维持统治,元顺帝不得已恢复科举以安人心,此制实行至其北走而结束。

元世祖忽必烈及其继任者认为医学、阴阳学、天文学三个专门学科十分有用,都支持其发展。其间,中国各州都设有这三种专门学校。元朝还建立医学考试法,中选者升入太医院。通过天文学校考试的人可以任钦天监的助手。

在元代教育发展鼎盛时期,有京城和地方两种学校系列。京城设有三个国子监,分别给蒙人、汉人和穆斯林。地方[①]由公共教育经费维持的教育机构有:各州的书院、各路的路学、各府的府学、各县的县学。此外,在各路还设有学习蒙文、医学、阴阳学的学校。元朝中期,大司农所上报的学校数多达24,000所。然而据载,元朝的学校多名存实亡,元世祖忽必烈及其继任者的诏令并没有完全落实。概括地说,这一情形是基于这样的事实:元朝的教育政策既非真正想发展教育,也不是出自对教育的重要性和效用的坚定信念,而仅仅以此笼络汉人而已。

在这样的环境下,元朝几乎没有出现在中国教育史上享有盛誉且有成就的教育家。然而,其中唯有一人因其对教育的贡献而为后人所铭记,这个人就是宋朝末年的王应麟。他为初入学的儿

① 元朝中国被划分为13个州;到明朝,增加到15个;到清朝康熙年间,再次重新划分,增加到18个。

童撰写了《三字经》,六七百年来一直是全国每个孩子手中的第一本教科书。它包罗万象,涵盖哲学、经学、文学、历史、传记与普通知识,可以说是数千年历史的缩影。每句三字,采用通俗的顺口溜体,便于记诵,每个读过《三字经》的中国人都能铭记于心。

明朝教育的发展(1368—1644)

明朝的历代皇帝都酷好文学与教育。明朝的建立者明太祖在建政第一年就发布若干政令,其中就包括建立国子监。1369 年又下诏各州县设立学校,恢复科举制度。这些诏令确定了教官的名称及各种学校招收学生的数额。对学生的津贴、学校的课程、每日程序、考试法、组织法与管理法等,都取古制所长,以法令的方式加以规定。由于钦慕古代学校制度,明太祖在学校课程中,除开设经学外,又加上武学与算学,并在各地科举考试中都加入射箭与算学科目。然而,这种文武并重的教育计划没有产生很好的效果,经过一段很短的时间后,学校的课程与选举考试的内容又恢复了以文辞为重的特性。1392 年,礼部请求单独设立武学和武举,但明太祖仍然认为一种教育制度可以适用于所有人,希望国学中的学生兼习射事,文武并重,不许建立专门习武的学校。后来,明太祖洪武年间还在各郡县设立学校,以鼓励兴学,培养学者。在他当政期间,中国教育发达,高丽、日本、琉球、暹罗等邻国政府都派学生到中国留学,在国子监专门设有接受这些官派留学生读书的机构。他又下令各郡县学校推荐优秀毕业生到京城国子监就学。后来,明成祖永乐年间,任命专职官员为州县督学官以提倡教育,在北京、南京及边防部队驻地设立武学。他还成功完成世所未有的文化巨制,命两千余名儒生费时五年编成《永乐大典》,将当时所有著作分为经、史、子、集四部,囊为一体,其内容包括天文、地理、宇宙起源论、医学、阴阳学、佛学、道学以及工艺和艺术。①

明代学校制度完备时期设有以下学校:在京城设有国子监,还有一所供贵族子弟受教育的宗学。在地方则省有府学,州有州学,县有县学,乡有乡学。此外,在地方上还设有教武官子弟的都司儒学、都转运司儒学、京卫武学等。

据1368年诏令,京城设立国子监。国子监的性质效仿古代的小学与太学,生员来自官宦子弟、留学生、通过直省考试的人与省州县学荐举的学生。国子监分为六堂,修业期限为十年,自第一堂顺序升入第六堂的过程中需要成功通过难度递增的考试。生员若在第六堂学业期满,考试合格,赐予等同科举考试中通过直省考试者的资格,可到政府中任职。明朝初年,由于科举考试中举的人不多,国子监生员不难在各省得到一个官职。满足某些要求的生员在政府中任事以积累资历,有38人被派往翰林院当翻译。从15世纪后半叶开始,进入仕途的规则日渐被破坏。取士不再以考试中表现出的才能为依据,而是以在国子监里待的时间长短为依据。这

① 这一由总数超过两千余名学者组成的团队、用五年时间完成的著作,卷帙浩繁,不少于22,877卷,为此要加上共60卷的目录。全书共装订成11,000多册,每册长1.8英尺,宽1英尺,平均厚度有半英寸。贾尔斯教授计算过,如果将这些书全部一本本地叠放起来,它的高度可以高过圣保罗教堂的屋顶。进而,每卷至少有20页,全书至少有917,480页,至少3亿6600万字。由于中国文字比较简练,假设100个汉字相当于130个英文字,就会发现,即便《大英百科全书》是一条大河,当它和中国的这一宏篇巨作相比就“退缩为一条小溪”。Giles, *Chinese Civilization*, pp. 202—203.

样，不少在国子监没有完成学业的生员就到官衙里去见习作为抵补。

各省学校的生员分为四类：两类有津贴补助，另两类没有津贴补助。据1426年和1447年先后颁布的诏令，凡是在季考中考试合格的非津贴补助生员，可以列入享受国家津贴补助的名单。15世纪中叶，荐举国子监生员的职责由专门的提督学校官掌管，他还负责视察学校，考查学生，将生员分为可赴科举博取功名者、应留校补习者与宜作处罚或退学者三个等级。

明代对科举考试制度也做过一些修改。有几次考不中进士的人被允许进行第二次考试，第二次考试较第一次容易。各省参加考试的生员人数诏令限为1370人，后来在同省份也有所增加。进士名额也以法律的形式加以规定。进士考试分为南北两部分进行，分别确定录取数额，以弥补北方各省的劣势，避免南部各省考生多占数额。1454年又废除了分地区考试的制度。当初，省级科举考试的主考官由地方官吏担任，后来改为从朝廷官员或翰林院人员中选任。在京城举行的会试则由尚书或宰相主考，翰林院人员协助监考。

被蒙古人视为无用的武举考试，明太祖仍加以恢复。武举考试全然依照文科科举的例规，分为乡试、会试。乡试由巡抚御史主考，会试则由兵部主考。然而，武举考试常有变化，并未形成规则，直到1506年才系统化地制定出新的武举制度。武举考试内容为策论、射箭与骑术三个科目。

明朝历代皇帝仍相当喜好蒙古人发展的医学、阴阳学、天文学等各专门学科。掌管天象历法的钦天监人员，起初在全国各地进行考试选拔，继而全变为世袭了。同样，太医院的空缺岗位也传给朝廷太医们的子孙。虽然也时有开放的考试选拔，但应试者大都仍为来自医学世家的子弟。

明朝初期的教育思想与元朝时相同，朱熹、二程学派的思想占了主流地位。后来有一新学说，迅速与宋元理学争雄，开创后世教育理想与实践教育的新纪元。创立这一新学说的就是王阳明先生，曾被称为“威廉·詹姆斯之前的实用主义者”。“王阳明的学说包含两个主要原则：其一，知行合一，二者不可分离；其二，每个人当以自己的心体察事物的理。因此，他的实践哲学乃是后来在西方著名的实证主义哲学与实用主义哲学的结合。王阳明创立个人良知说，并从内心出发来体认世间万象人生。每个人都必须根据自己的本性解决问题，人生的真理在于自己心中的坚守。但知识的获得要靠实践，实践出真知。简言之，阳明学说的主旨是知行合一。”①

王阳明基于其哲学思想提出其教育原则，与裴斯泰洛齐及其追随者的主张相类似。他深信，教育要平衡发展个人的能力。为了确保这种平衡发展，就必须给予儿童以尽可能多的自由，极力摒弃严苛束缚。用他自己的话说：“大抵童子之情，乐嬉游而惮拘检，如草木之始萌芽，舒畅之则利达，摧挠之则衰痿。今教童子必使其趋向鼓舞，中心喜悦，则其进自不能已：譬之时雨春风，沾被卉木，莫不萌动發越，自然日长月化；若冰霜剥落，则生意萧索，日就枯槁矣；故凡诱之歌诗者，非但发其志意而已，亦所以泄其跳号呼啸于咏歌，宣其幽抑结滞于音节也；导之习礼者，非但肃其威仪而已，亦

① Paul S. Reinsch, *Intellectual and Political Currents in the Far East*, pp. 133—134.

所以周旋揖让而动荡其血脉,拜起屈伸而固束其筋骸也;讽之读书者,非但开其知觉而已,亦所以沉潜反复而存其心,抑扬讽诵以宣其志也……”*

清朝教育的发展(1644—1842)

现在我们讲到了生发现代教育并给予其发展动力的朝代。清朝十余任皇帝中,大半热心教育,并以这种或那种方式发展教育而闻名。清太宗以创造满文字,用满文译汉书而闻名。他诏令15岁以下的各位王子大臣的子弟入学读书。他的儿子世祖顺治皇帝因重建国子监、建立八旗①学校、设置宗学来教育宗室贵族子弟而被记录于历史。康熙是中国最伟大的文化支持者。在当时众多杰出学者的襄助下,他发起并实施了多项世界上有史以来最伟大的编纂工程,其最著名的主要有:(1)《康熙字典》,是汉语的标准大字典;(2)《佩文韵府》,是中国大型文学典故索引,装订成44大卷;(3)《骈字类编》,类似前书,不同的是按词语首字义类编排,专收骈字,共装订成36大卷;(4)《渊鉴类函》,是一种百科全书式的大辞典,共44卷;(5)《古今图书集成》,是卷帙浩繁的大百科全书,共有1628卷,每卷约200页。康熙朝,琉球派遣陪臣子弟到京城求学,皇帝命国子监接待。他还在皇宫边设立官学,开设读、写和骑射课程。此外,他诏令各省设立社学、义学。康熙的儿子雍正皇帝

---

* 引自王阳明的《训蒙大意示教读刘伯颂等》。——译者注

① 八旗指所有满族人,因为他们都分在以八种不同颜色和设计式样的旗帜为标志的组织里而有此称谓。

也重视发展教育,命各省设立书院,并私人出资一百两作为建造经费。1728年,俄罗斯派遣官生41人来求学,皇帝选派满汉教员进行教学。康熙的孙子乾隆皇帝对文化与教育事业的支持不让于祖父。他在位时间长,所做的工作多且影响最广,值得提及的包括重刊《十三经》与《二十四史》*。1772年,他又下诏搜罗所有值得保存的书籍,分类编成《四库全书总目》,共有3460种,按经、史、子、集四类编排,所有著作都归入其中,配以可以明确其内容的摘要,堪称独一无二的巨大成就。乾隆朝对各省建立书院给予了极大鼓励。

清朝早期皇帝主要致力于武功,在执政方面,使用汉族官员执掌民事,所以一切对内制度都借鉴前朝明朝的做法。就以教育而论,几乎完全延续明的制度,也因时势的不同做了若干变更。其公共学校制度分为三种学校:供贵族上的宗学;国学(或官学);省学(或书院)。贵族子弟的学校设于京城,又分为三类:一类是供王贝勒、贝子、公、将军及闲散宗室子弟读书的宗学,内部又分汉人与满人二部;入学年龄在10至18岁之间;课程包括满文、汉文、骑马射箭三个科目。第二类称觉罗学,专供清朝贵族中称为觉罗的特定贵族子弟就学;共有八所这类学校,每个旗一所;课程与宗学相同。第三类称为"盛京宗室觉罗官学",是前两类学校的综合,供住在盛京的宗室和觉罗子弟就读。属于第二种的官学是为官宦子弟而设立的各式学校,其学生包括八旗子弟、蒙古人以及帮助清朝征战明朝的汉军子弟。官学又分蒙古语官学、满语官学、算学官学。这种学校建在京城、盛京、黑龙江三处。官学中最高一级学校就是国子

* 英文原文如此,事实上当时还没有《二十四史》,有误。——译者注

监，其中学官与教员都经过精心挑选。国子监的学官满汉各占半数；入学的学生为秀才、贡生、荫生、监生、外国留学生、满汉勋臣的子弟、孔子以及其他圣贤的后裔。国子监的课程分经义、治事两门。学生在修习经义课时可选修一经或同时兼修数经。修习治事则有以下科目：历代典礼、赋役、律令、边防、水利、算学，可以选择专治一门，也可以选择同时学习数门。除了上述各种学校，京城的翰林院、钦天监与太医院等都带有教育性质或与教育有密切关系。

地方上由政府办的学校包括：各省的书院、各府的府学、各州的州学、各县的县学、社学与义学。一些地方政府用公款为无力支付私学学费的儿童在城市或乡村建立社学与义学。省城书院是为至少已经具有秀才水平的高级学生提供就读的处所。府学、州学与县学的学生有*：廪膳生，在年考中获得最好成绩的学生，年满则考授岁贡生或恩贡生；增广生，年考成绩处在第二等的学生；附学生，刚刚通过童子试获得秀才资格最新入学的童生。在所有这些学校中，考课分为月考、季考、年考以及特别年的考试。成功通过年考与特别年考的人将被推荐进行更高学位的考试。在进入现代教育前，省会书院渐渐衰微，其中大多数教授和学生徒有虚名，书院里只有考试而无课堂教学，只是要求学生在定期考试时到校，学校已名存实亡。导致这一状况的原因在于，学子求学的动机在于获取功名，在于依靠学官定期考试来维持，而不问学业是否荒废。后果是当学官来校考试时，生员就到校，其余时间他们就回家了。由此，各省的书院因定期考察与分期考试的制度而荒废。

---

* 此处英文原文说有四种，但只列出三种。据俞正燮《癸巳存稿·释社》：（官立社学）学生有五等，学生亦曰廪生，一也；增广生，二也；附学生，三也；青衣附学生，四也；社学俊秀生，五也。

学校体系的逐渐退化反而增加了科举制的重要性,使其发展成为一台巨大的机器,分支伸展到国家的每一个角落。虽然在清朝,确实能通过捐赎、高官保荐、皇上特批等途径进入仕途;然而,科举制仍然是为政府选贤任能的一个途径。由于它是中国进入现代前的一种众所周知的制度,我们将稍稍简述一下其层层选拔的机制:

1. 州县学的入学考试。

2. 小试。第一个学位考试,中选者称秀才,考试在县城举行。

3. 省试。第二个学位考试,中选者称举人,在省城举行,并由精通文学的大臣主考,只有那些秀才才能参加考试。

4. 会试。每三年在京城举行一次,只有那些举人才能参加考试,中选者为进士。

5. 殿试。进士可参加,中选者可进入翰林院。

6. 特科。由皇帝亲自举行考试,至少获得举人资格的人才能参加考试,中选者由吏部授予职位,进入政府。

进入现代之前的中国教育可以用简短几句话来概括。由政府主办的高等教育并非为发展教育而教育,而是以它作为实现其他目的的工具。其最大的目的就是使国家安宁。实现这一目的需要有治事能力的官吏,教育是培养称职官吏的手段。教育一旦培养出充足的官吏候选者,对人民的教育就不再成为考虑的对象,虽然理论上说,教育的重要性在于以道德为先,这点不仅被意识到而且反复强调。政府对教育的态度也必定在人民中得到反映。对于多数人来说,教育不过是进入官场的工具。所以对于那些不想进入仕途的人,除日用知识外,一切以功名为目的的知识对他们都毫无用处。遍布全国的教育机构似乎也支持这一结论。京城的学校最多，都是为贵族与特权阶层服务。在各行省的书院仅徒有其名，不过是供有前途的士子活动的场所。从未有过一个由国家维持、且为大众教育造福的普通教育体系。的确，所谓公共教育几乎全靠私人或团体的善举。政府则一味充当采果人，以功名、官职与其他种种荣誉作为奖励，却从不过问栽培灌溉。在中国新教育到来前夜，教育状况大抵就是如此。

第四章　传统教育向现代教育的过渡（1842—1905）

现代学校的发轫

中国现代学校可以说起源于1842年，这一年中英签订《南京条约》，中国开放五个港口为通商口岸。最先到来的是一批在国门外等待多时、急于寻机来华传教的传教士。他们急不可耐地纷纷来到中国广设学校，以此作为传播基督教知识与信条的场所。虽然他们所设的学校并非严格限定只接收基督教徒为学生，然而所收学生仍以基督教徒居多数，所以与不信教的外界社会仍保持着一定的距离。而且先期到来的传教士的办事视野与风格和近年来的教会学校不同。他们没有完备的教育政策，一旦寻找到建立学校的机会，就向本国教会请求拨款建校，所以每一所学校都是应时机而突然提出的。而且，这些学校所收学生多为社会下层家庭的孩子，在这些获得西式教育的人中，很少人毕业后有望能进入政府任职。尽管有这些或那些的缺点，必须承认的是，有时教会学校正是实际上以某种形式传授现代知识的唯一场所，正因此，教会学校堪称中国第一批现代学校。

1860年，《天津条约》实行，成立总理衙门。于是急需熟悉有关条约国语言文字的口译和书写人才,以便办理相关外交事务。《天津条约》中有一条款载明:凡交涉公文必附以汉文译本。但这一办法有效期仅为三年,给中国政府以时间培养自己的翻译人员。为满足这一需求,1862 年总理衙门建议政府在北京设立现今人们所称的京师同文馆,以培养官方翻译人员。[①] 该馆虽与总理衙门所管辖的外交事务有关联,却由总税务司赫德(Sir Robert Hart)先生主持一切。1866 年,同文馆的地位提高到与高等学校相同。在此之前只教外文,此后加入科学课程。1868 年,聘请丁韪良博士(Dr. W. A. P. Martin)[*]讲万国公法。1869 年,升任其为第一任总教习。

京师同文馆建立后不久,总理衙门在上海与广州各建一所相同类型的附属学校,这两所学校的毕业生再送入京师同文馆深造。广东同文馆在学业程度较上海同文馆高,开设了更多的高级课程。随着时间推移和因应时势的需要,这些学校先后增设英、法、俄、日等国语言文字课程。

除京师同文馆及上海、广州两所附属学校外,其他种学校也相继而立,它们成为中国现代学校制度的先驱。1867 年,总督曾国藩接受容闳的请求,设立兵工学堂。该学堂附属于上海的江南制造局,课程包括机械工程制作的理论与应用,以期将来中国不需依靠外国工程师与机器师,因而获得完全的独立。同年,又在福州马尾设立船政学堂,分为前后两所学堂:前堂为制造学堂,又称法语学堂;后堂为驾驶学堂,又称英语学堂。1879 年,政府又

---

① 1903 年与译学馆(一所科技翻译学校)合并。

* 丁韪良英文全名为威廉·亚历山大·彼得森·马丁(William Alexander Parsons Martin),相关史料记载他于 1865 年就任同文馆教习。——译者注

立天津电报学堂。1887 年,李鸿章提议在天津建立大学。中外人士慷慨捐助,建造了一幢宽敞的教学楼*。拟聘请丁家立博士(Dr. Charles D. Tenny)为校长,后来这一计划因故中止实施,直至中日战争后,大学才进一步发展。1890 年,江南水师学堂在南京建立。两年后,湖北矿务局在武昌建立矿业和工程两所学堂。又一年后,天津设立军医学堂。时任湖广总督张之洞也主张通过引进西方教育改革学堂。在这段时间里,农业、语言、机械、采矿与军事各类学堂相继建立,并从美国、比利时、英国、德国和俄国聘请教员。

科举制度现代化的早期尝试

与此同时,对历史悠久的科举制进行变革也被提上议程。早在 1869 年,闽浙总督就奏请在科举考试中应加入算学一科。1875 年,直隶总督李鸿章也递上了同样的奏请,提议将算学作为科举考试的必考科目。但这些奏请都以改革时机未成熟为由,未获朝廷批准。尽管中央政府不愿意改革科举制,但新学却一直受到士子们广泛的欢迎。最终,1887 年,也就是中法战争结束后两年,中国政府充分意识到非变革教育制度不足以图强,于是下诏规定科举考试必考算学与科学两门,这是中国历史上第一次将科学与文学摆在同等重要的位置上。官方有了将科学与文学摆在

* 据载,当时所办的学校为吞纳学院(Tenney College),也称为天津"博文书院"。1892 年,德璀琳在外国侨民中聘请了英国皇家学院毕业生丁家立到学院中创办补习班。现北洋大学历史一般不计入这一段。——译者注

平等地位的认识，显示现实主义必将胜过人文主义。在世界上大多数现代文明国家都发生过类似的现象，如德国在1901年、法国在1902年经过改革之后，才开始出现人文与实证科学并重的局面。然而不幸的是，由于中国科举考试的主试官是文科出身，对新增的科目不熟悉，因而对刻板的科举制度增加科目的变革并未带来多大实质性的变化。即便如此，这一步依然意义远大，它在中国教育史上的重要价值如何评价也不会过高。当时就有人评论道："此考试变更，譬若以斧凿发硎于考试制度中间，而后使保守思想渐见分裂，彼莘莘学子得理想之自由，同归于进步与改良之一途焉。"

派遣留学生到西方国家

早期派遣留学对中国现代教育的发展有着举足轻重的作用。这一做法的倡议者是美国耶鲁大学的毕业生容闳①。1868年，容闳向朝廷递呈一个建议书，计划选派留学生到美国系统学习政府管理。作为一次实验，经过考试共选拔120名学生，分四期派往美国，每期30人，每年派一次。他们要用15年完成学业，平均年龄在12至14岁之间。如果第一年和第二年的工作是成功的，派遣留学计划将确定无疑地继续实施下去。学生派赴美国期间，有中文教员教他们学习中文。政府任命两位监督人员照管留学生的一切，且每年从上海海关收益中提出若干作为维持这一计划的经费。高

① 容闳：《西学东渐记》（*My Life in China and America*）。

层赞成派遣留学最有力的人有曾国藩、丁日昌以及其他大臣。1870年天津教案发生后不久,这一计划迅即得到朝廷的批准。政府毅然派容闳与翰林院成员陈兰彬负责办理新兴留学事务。1871年,在上海建立留学预备学堂,曾国藩幕僚刘开成出任学堂监督。1872年夏末,第一批共30名留学生被送往美国。到1875年秋,最末一批的留学生也到达美国。这些青年留美学生被分成两人或四人一组,在新英格兰地区的家庭生活。在那里,他们得到照顾和教导,直到有能力进入美国学校分班学习。随着时间的推移,他们几乎无一例外地积极完成了交给他们的任务,且成绩甚佳,甚至在美国同学中崭露头角,成为最聪明的学生。留学生事务处分别在哈特福德与康涅狄格河谷两地建立起永久的办事处。这些都是由留学事务处提出建议,经李鸿章批准而开办的。当时李鸿章在曾国藩去世后负责管理留学事务。1874年,留学事务处华丽的办公楼落成,并成为长驻办公地点。

令当时有识之士大失所望的是,如此郑重其事的派遣留学生计划不久即夭折。局面变于1876年,政府派吴子登为留美学生监督。此人一就职就开始向政府误传留学生的境况,诋毁留学生的学问与道德,进而从整体上反对留学。这些虚假的报告连续发到国内,不料朝廷又有一名反对派阵营、思想顽固的御史,利用美国强烈的反华偏见,呈请朝廷废止留学计划,撤回已派遣的所有留学生。这敲响了留学事业的丧钟,1881年留学计划实际上被迫中断,政府要求召回在美的所有一百余名学生。促使政府撤回留学生的动机,与这些青年学生从其最重要的学习生活中突然被召回出生地时所感受到的羞辱,构成了中国现代教育史中饶有兴味的一章。

另一项福州船政局的派遣出洋计划虽然影响较小,其重要性却并不小。1876年,福州船政局出资派遣46名学生出国学习造船与驾驶技术。这些留学生较当时其他留学生的运气好,虽然他们在学成回国时没有受到应得的热烈欢迎。然而这绝不意味着这些派遣留学计划失败了,因为数年之后,越来越多先期派出的留学生成为本土促进社会进步与变革的重要人士。他们中的不少人已升任要职,取得了杰出成就,以其所学回馈国民,证明政府在他们身上所做的努力是值得的,从而更进一步证明现今更大范围内周而复始的教育实验是必要的。

中日战争对于教育变革的影响

灾难性的中日甲午战争(1894—1895),以及随后的列强侵略,虽极大损害中国的尊严,却给中国的教育改革带来新的促动。受到如此奇辱,许多人第一次坚信,若不进一步改良教育,中国就不足以建立牢固的国家基础。这一信念如此强烈,以致不少知识人,其中一些甚至是白发老人,也都尽心研究西学。他们或进入教会学校与大学求学,或聘私人家教,或组建改良教育会,或阅读可以找到的西学译著,学习西学的风气盛极一时。光绪皇帝自己也对西方的科学与文学极为感兴趣,下令太监到外面尽力搜集西方科学译著带回宫中。于是,对新学著作的需求日益增长,以至1896年所有教西语与科学的学校人满为患。甚而一些缺少西学知识的无知少年发现做西学的私人教师也是一个很容易获得巨利的职业。在此上下热心西学的热潮中,几所重要的学校成立。这些学校中的两所值得大书特书:其一为在天津建立的大学,即现在众所周知的北洋大学。这所学校其实早在1887年就开办了,但直到中日战争后内部组织才告完备。按当时的安排,学校经费从电报局、轮船招商局以及海关盈余中支付。另一个重要的教育机构是南洋公学,由盛宣怀奏请获准,于1897年创建于上海。这两所大学校虽自建立起就屡经变更,然而经受了过去十余年席卷中国的所有政治风暴,至今仍是中国最好的高等学府。

张之洞的《劝学篇》与他的教育改革倡议

中日战争后不久,湖广总督张之洞写出一本广为流传的书——《劝学篇》①。在这本名著中,张总督倡议各省、各道、各府、各州县建立新学堂。他设计的学校体系如下:在各省省会和北京设立大学堂,道、府设立中学堂,州、县设立小学堂,整体上为循级而上的学校系统,低一级的学校与高一级的学校相配套。小学堂的课程为:《四书》、中国地理、中国史事大略、算术、几何、科学基础;中学堂各科课程在小学堂基础上加深,内容包括:《五经》、《通鉴》(历史)、政治、外语;大学堂的课程又在此基础上加深拓广。为了落实这一计划,他提出的一个建议就是将佛寺道观改为学堂,将寺庙的房产、土地和收益作为教育经费。这位大胆的总督还提出废除科举考试中的八股文②,除一般的典籍外,加考实用科目时务策,如历

① 这本书已经由 Samuel I. Woodbridge 翻译成英文,英文书名为 *China's Only Hope*。

② 之所以称为"八股文",是由于它要求用固定方式将文章分为八个部分。风格僵化,四字一句或六字一句交替出现,每个段落中都有两股排比对偶的文字。

史、地理和政治等。

《劝学篇》讨论如此现实、激动人心的问题，持论平正，文辞畅达，又出自这样一位在实务和知识界深有影响的人物之手，自然吸引了众人注意。内阁奉谕旨由军机处将该书颁发给各省督抚、学政各一部，以便广为传播。结果这本书受到全国士人的热切关注，以致在短期内数百万册就不胫而走，学子们几乎人手一册。此书以这种方式在民众中广播新知识觉醒的种子，为迎接更为剧烈和激进的改革作了思想准备。

戊戌变法及反变法

在值得铭记的1898年，年轻的光绪皇帝在包括著名的革新派人物康有为、梁启超等人支持下，发布了一系列有史以来最为彻底的改革谕令。[①] 这些改革中包括建立现代学校制度，废除科举考试中的八股文，考试中采用简短、实用、适合现代需要的时务策论，派遣满族青年出洋留学。这些创新还涉及武举制的改革，鼓励翻译外国书籍，广设报馆，几乎将整个帝制除旧布新。一时间，变革图新运动带来的新期望充溢于全国，各省民众精神为之一振，全民思想发生了一次伟大改变。

但不幸的是，反对变法运动如同当初的变法运动那样来势迅猛而且剧烈，并很快获得局势的最终掌控权。变法运动的背后是一小班过于激进的人推行的一次不成熟的行动。先是维新党中

① 光绪皇帝变法诏书和谕令，见1898年《字林西报》。

的激进派密谋将慈禧太后幽禁于颐和园,但被人密报于这位老谋深算的女人,她便以其道反之,突然逮捕光绪皇帝并将他监禁于瀛台,搜捕并杀害参与共谋的维新党成员,只有极少人漏网成功出逃。接着,下诏废除新政,所有维新的希望化为泡影,原有旧制一一恢复。所有报馆被关闭,各府州县中小学堂被下令缓办,撤消寺院改学堂的做法,八股文再次成为科举考试的内容,武举制仍恢复旧的做法。当年所有的教育变革措施,仅有京师大学堂留存下来。

义和团运动与日俄战争对现代教育的促进

前述教育倒退的政策一直延续到1900年,义和团运动的爆发改变了这一状况。当时,狂风暴雨式的运动几乎导致华北地区所有新学堂都暂时关闭,北洋大学也是如此,其中一些学校甚至被摧毁。幸好当时南方各省督抚与各国订立互保协约,所以暴乱仅破坏了北方地区的学校,东南地区的学校避免了同遭厄运。尽管这次政治暴乱在短期内极大损害了新教育事业的发展,而其最终效果却有助于新教育的发展。因为局势再次稳定之后,慈禧太后回京痛定思痛,在上了代价高昂的一课后,再次采纳教育改革的建议,并数次下诏实施前不久她极力阻挠的兴学措施。她不仅重颁了光绪皇帝曾经发出的多项谕令,而且使其中部分举措的影响超过了此前。从此以后,新教育的发展一日千里。

义和团运动的直接后果是设立山东高等学堂,由海司博士(Dr W. Hayes)任校长;设立山西大学堂,由李提摩太(Dr Timothy

Richard)主事*。山西大学堂的历史独特：在义和团运动期间，有不少传教士在山西遇害。事后，列强各国要求中国修复被毁教堂并抚恤被害传教士。而传教士中的一些人和组织坚决拒绝领取抚恤金，因为他们受早期传教士精神的鼓舞，不愿意用金钱抵偿传教士受到的损害。在这双方日益僵持的节骨眼上，西方各列强政府却坚持要求赔偿，只是不知道该如何赔偿抚恤。在此危机时刻，此项工作的中方负责人向李提摩太博士请教，他们相信这位新教传教士能助其解决这一问题。他提出了一个当时各方都能马上接受的建议，即将应该赔偿传教士的抚恤金捐献出来，在山西建立一所大学堂以作纪念。列强各国采纳了他的建议，山西大学堂就此建立。学堂名义上受中国政府管辖，实际上又不完全如此，而是双方订有协约。根据协约，李提摩太对学堂西学斋的教育有至少十年的控制权。在这一时期结束后，方可变为完全由中国政府管理的普通大学。[2]

---

* 1902年初，山西巡抚岑春煊遵朝廷谕旨，将令德堂改设为山西大学堂，委派山西候补道姚文栋为首任督办(相当于校长)，高燮曾为总教习，谷如墉为副总教习；同时，李提摩太等人也想在山西筹办大学堂，当他偕人来太原拟签订正式合同时方知该省已办起了山西大学堂。于是他又建议岑春煊将山西大学堂与他拟创办的中西大学堂合并办理。合并后山西大学堂内设中学、西学两部，由李提摩太本人负责。岑春煊认为涉及教育主权问题和传教问题，未敢应允。后经多方反复筹商，并交由西大学堂学生进行了民意测验，对有关细节进行了逐条逐字的斟酌，议定了合办山西大学堂的合同23条，于光绪二十八年五月初二日(1902年6月7日)由山西司道及绅士等与李提摩太及拟聘之西学专斋总教习敦崇礼签字，巡抚盖章立案，呈报光绪皇帝朱批。合同生效后，山西大学堂就改制成为两个组成部分，即山西大学堂原来部分改为“中学专斋”，总理为谷如墉，总教习为高燮曾，拟办中西学堂改为“西学专斋”，总理为李提摩太，总教习为敦崇礼。——译者注

② Gascoyne-Cecil, *Changing China*, pp. 274—275.

正当中国教育变革前景令人期许之际,日俄战争忽然爆发,朝野惊骇。清廷将日本战胜俄国高度归因于西方教育,于是增强了兴学的动力,坚定了实行教育改良政策的决心。当时舆论认为,只要中国学习日本经验,进行类似的改革,采取相类似的步骤,就可以像日本那样走向强盛。的确,日本的成功让中国人大为震惊,以致不少中国人愿意拜倒在日本这个昔日学生的膝下充当学生,以求成功的秘密。一时间,去岛国日本留学的学生如潮,东京对于中国人来说成为学习西学的麦加。估计到日本的中国留学生多至一万五千人。几年之后,从日本留学毕业的学生络绎回国,布满全国各省。他们积极参与进步与改革事业。那些仍留在日本的人,则投入大量的时间编辑发行杂志,翻译书籍,于是大量文化书刊如洪水般销售到他们的祖国,发行到帝国的每个街巷与角落。这些文学作品出自受西学浸润的爱国青年笔下,自然激昂慷慨,感动读者,对那些需要非常手段才能唤醒的沉睡国民,这些作品足以振聋发聩。

政府给新学毕业生科举功名

教育改革的另一项很有远见的举措,是清廷采纳了袁世凯的建议*,给新学堂毕业生以科举功名,作为官方对新学堂认可的一种方式。在风云变幻的 1901 年 12 月 15 日,颁布了给新学堂毕业

* 依据史料,系统提出给新学堂毕业生奖励科举出身的是张之洞与刘坤一。他们在 1901 年 7 月 12 日的《会奏变法自强第一疏》中正式提出。——译者注

生与科举等同出身的上谕。[1] 该谕令的条款如下*:在小学堂毕业生中选拔合格者送入中学堂。在中学堂毕业生中选拔合格者送入本省大学堂。大学堂毕业合格者则发给"优等生"证照,再送到该省督抚学政考核,选择其中优等生送往京师大学堂复试,合格者将下旨赐予举人或贡生出身。得到贡生出身的人可以参加乡试以获得举人功名。待举人达到一定数量,再由京师大学堂进行更严更难的考试,将所选优等生推荐到礼部。礼部奏请派大臣为主试官,选出进士,再举行殿试,分出等次,送翰林院或归各部录用。

革新旧式学校

教育改革的另一个方面是试图革新旧式学校。这里举一个著

---

① H. E. King, *The Educational System of China as Recently Reconstructed*, p. 32; Lewis R. E. :*The Educational Conquest of the Far East*, p. 181.(此处所说的上谕指政务处会同礼部所奏《遵旨核议学堂选举鼓励章程折》,璩鑫圭等编:《中国近代教育史资料汇编·学制演变》,第36—37页。——译者注)

* 该谕令全文如下:谕内阁、政务处会同礼部奏、遵旨核议学堂选举鼓励章程一摺。学堂之设,原以鼓舞士气,作育真才。自当优其进取之途,尤应防其登进之滥。披阅所拟章程,尚属妥协,著照所请。饬令各该省将小学堂毕业学生,考取功课合格者,送入中学堂肄业。俟毕业后考取合格者,再送入该省大学堂。毕业后取其合格者,给照作为优等学生,由该省督抚学政,按其功课,严密考校,择尤拟取,咨送京师大学堂覆试,候旨钦定。作为举人贡生,仍留下届应考。愿应乡试者,听。俟举人积有成数,再由大学堂严加去取,咨送礼部,奏请特派大臣考试,候旨钦定。作为进士,一体殿试,分别等第,带领引见,量加擢用,不拘庶吉士部属中书等项成例,以励通材而收实效。前据袁世凯奏、先于省城建立学堂,分斋督课,其备斋即寓小学堂中学堂规制。业经谕令各省仿照开办。所有此项学生,着俟专斋毕业后,即照此次所拟选举章程,一律办理,以示鼓励。——译者注

名的例子。1901 年,孙家鼐*奏请改翰林院课程,在他的奏折中陈明该院的人员所学当作为养成外交、领事或在政府其他部门服务人才的准备,当学一些对他们未来工作有用的学科,不宜终日将时间花费在诗赋这类毫无实际用处的琐碎科目上。他建议翰林院生员当致力于研究政治学、算学、化学以及其他他们真正想学的学科。该奏折进而提出应当允许翰林院生员前往北洋大学或南洋公学研究西学,如果生员中有人有这种意愿,政府当给予许可。这一奏请获得批复,孙家鼐受命起草一份科目。1902 年,朝廷下令要求翰林院生员勤修古今历史、政治、西学等,为其承担国家使命作准备。并下令翰林院掌院大学士每五个月对生员举行一次考试,将考试成绩上报朝廷。

鼓励留学的新计划

与此同时,政府实施了更大规模的派遣留学生计划。1901 年,慈禧太后下旨要求在外使臣考察国外留学青年学生的学业品行,发现有特殊才能、毕业获得文凭或学位、或在专业领域获得资格证明的人,都可资送回国考试。根据考试成绩,奖以适当的出身。数年后**,朝廷又发布上谕,令全国各省督抚,学习

---

* 英文原文在孙家鼐后有定语“翰林院掌院学士”,经查他并未担任此职。——译者注

** 这里讲的数年后,查史料依据为 1901 年 9 月 17 日颁发的《清帝广派游学谕》,内容如下:“前据江南、湖北、四川等省选派学生出洋肄业,着各省督抚一律仿造办理。”朱寿朋:《光绪朝东华录》第 4 册,中华书局 1958 年版,总第 4720 页。——译者注

两江总督刘坤一、湖广总督张之洞、四川总督奎俊等人在各省的做法,出资派遣有学术前途的青年俊秀到海外留学,依据他们的能力和兴趣选择学习最适合的一门西学与工艺。这样他们学成回国后可以将所学知识运用于服务国家。同一上谕中有专门条款明确规定回国留学生的官方认可和资费发给事项:凡在海外留学拿到毕业文凭、证明自己完成学业的中国留学生,可凭证书到本省督抚学政处报到应试,如果成绩满意,可推荐到外务部任用。在外游学的经费由学生所在各省督抚按期汇往。任何学生如果想自筹经费出国留学,都可由该省督抚向中国出使大臣出具文书,请求他们对该生有任何需要帮助时随时照料。如果有人愿意私费出洋,私费生与官费生享有同样的权利和优待,毕业后也同官派留学生一样,如果能通过相应的考试,都能获得各项出身的奖励。

上述谕令发布后不久,张之洞、张百熙、荣庆联衔向朝廷送上一项重要的会奏,声称派遣年少缺乏生活阅历的学生到外国留学事倍功半,建议派遣老成并有一定中学根底的人,如翰林院的翰林、王室子弟或有一定职衔的人,这样国家可以从他们出洋的经历或学习中获益更多。作为鼓励,他们提出以在国外游历时间长短为准进行奖励,第一等奖给在国外至少三年的人,第二等奖给在欧美至少度过两年的人,第三等奖给在日本旅行一年以上的人,未满一年则不在奖励之列。除了特别奖励,所有官员到国外游历期间仍旧支薪。派这些官员外出游历的目的在于考察各国治理国家的方法,尤其是外交政策、陆军和海军的军制以及教育制度等。对那些外出游历的人,希望他们写观察日记,归国后呈给皇上,只有那些写出有价值的心得的人,才能获得皇上的奖励。

1905 年,朝廷又颁布了一道与留学相关的谕令,进一步明确了对派留学生出国学习的态度。* 在这道谕旨中,皇上对各省督抚已遵照此前谕旨陆续派遣学生出洋留学深表嘉慰,建议鉴于已有大量学生到日本留学,应多派学生分赴欧美深造。对那些愿意远涉重洋求实学以效力祖国的学生给予最高的赞誉。要求出使各国的大臣对出国留学生给予特别关照,负有监督之责,视学生如自己的子弟和亲属。还要求随时考查学生,使其过有纪律的生活,勤奋学习。如果发现学生生病或需要钱继续学业,出使大臣当酌情给予资金及其他必要的帮助。简言之,这道谕旨一方面告诫政府官员不可轻视留学生,当尽一切方式帮助朝廷培养有能力的人才,以为国家建设所用;另一方面提醒留学生责任重大,要求他们选择自己最适意的专业,研究学习,这样回国后才能肩负起重任。

第一个现代学制

在全国范围内创立一套现代学校体系被严肃地提上了议程。1901 年,清廷颁布上谕**,要求各省参照京师大学堂,将所有省城书院改成大学堂或高等学堂,在各府、厅、直隶州均设中学堂,在各

* 参见 1905 年 9 月 1 日颁布的《清帝多派学生分赴欧美游学谕》,朱寿朋:《光绪朝东华录》第 5 册,中华书局 1958 年版,总第 5389 页。——译者注

** 这里所讲的上谕为 1901 年 8 月清廷所颁《兴学诏书》其中提到:“除京师已设大学堂,应行切实整顿外,着各省所有书院,于省城均设大学堂,各府及直隶州均设中学堂,各州县均改设小学堂,并多设蒙养学堂。”——译者注

州县均设小学堂(高小),并多设初小或蒙养学堂以建立儿童教育的基础。学堂的课程应当包括经学、历史、政治与西方科学。1903年,朝廷命张百熙、张之洞会同荣庆详尽厘定学堂章程。* 他们在向朝廷提交的回奏报告时,还包括学校管理法、教授法及学堂设置办法,汇集印成四篇。这一章程获得朝廷批准后,便颁布全国施行。

《奏定学堂章程》所确定的学校系统如下(见下页图)。

1. 蒙养院

蒙养院为保育三岁至七岁幼儿的场所,附设于各地育婴堂或敬节堂内,或就以上两堂附近设置。儿童在蒙养院停留时间每日不得过四小时,不收学费。

2. 初等小学堂

初等小学堂的宗旨是教会七岁以上儿童生活所必需的知识,

---

* 1902年8月15日,清政府颁布了由管学大臣张百熙主持拟定的《钦定学堂章程》,事实上这是中国第一部规定现代学校制度体系的章程。后来一些官员提出该章程不完善,于是光绪二十九年闰五月清政府命张之洞、张百熙、荣庆重新厘定学堂章程。光绪二十九年(1903)十一月二十六日,张百熙、荣庆、张之洞复奏重订学堂章程。重定的章程规定:“立学宗旨,无论何等学堂,均以忠孝为本,以中国经史之学为基”,“而后以西学瀹其知识,练其艺能,务期他日成才,各适实用”。清政府于当日即颁布该章程,谕即次第推行。该章程较《钦定学堂章程》更为保守,被称为《奏定学堂章程》,亦称为“癸卯学制”。本文所讲的《奏定学堂章程》是第二部章程,是第一部实际实行的章程。英文原文中说是命孙家鼐、张之洞同张百熙,事实上是张之洞、张百熙会同荣庆,译文依据史实修改。——译者注

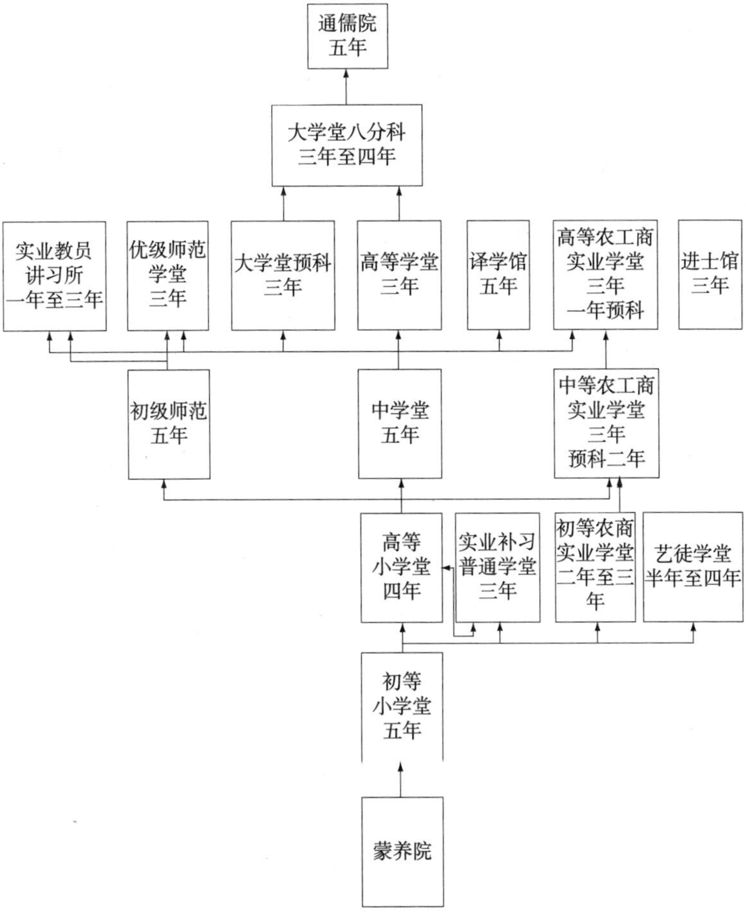

注:实业学徒(补习)学堂也接受那些已在外谋生有志实业的人。

打下爱国家、明伦理的根基,养护儿童身体以促进发育。政府应建立模范学堂,小县城内至少必设两所初等小学堂,大县城内至少必设三所初等小学堂,各县大镇也必须设一所初等小学堂。初等小学堂教授科目有以下八门:修身、读经讲经、中国文、算术、历史、地理、格致、体操。此外可视当地条件加开图画、手工、音乐等科目中的一科或二科。初等小学堂的学习年限为五年,每星期授课背诵时间为30小时,其中有13小时为读经讲经。官立初等小学堂不收学费。

3. 高等小学堂

高等小学堂的宗旨是培养国民道德,增进国民知识,强健国民身体。城镇和乡村都应建立高等小学堂。每州、县至少应设立一所官办高等小学堂作为模范。高等小学堂招收初等小学毕业生和年龄在15岁以下有相当学力的人。高等小学堂的课程有以下九门:修身、读经讲经、中国文学、算术、中国历史、地理、格致、图画、体操。视当地情形可加开手工、农业、商业等科目。修业年限为四年,每星期开课36小时,其中12小时为读经讲经。官设高等小学堂收取学费,收费多少由该学堂根据当地条件和居民经济能力确定。

4. 中学堂

中学堂与美国的高中较为相近。其宗旨是为自15岁至18岁的学生施行较高深的普通教育,以便他们毕业后能入仕或从事各项实业,或升入各类高等专门学堂深造。中学堂学生应招收高等小学堂毕业生,若要求入学的高校毕业生超过中学堂招生定额,则须经考试确定学生的去留。中学堂收取学费,收费数额视当地条件确定。中学堂修业年限为五年,修学科目为以下十二门:修身、读经讲经、中国文学、外国语、历史、地理、算学、博物、物理及化学、法制及理财、图画、体操。每星期授课时数为36小时,经学与中文仍占较大比重,第一、二年每周占13小时,第三年加到每周14小时,第四、五年则为每周12小时。

5.高等学堂

高等学堂相当于德国的大学预科(gymnasium),或法国的国立高等学校(lycee),或美国专科学校的第一年。它的宗旨是为普通中学堂毕业生准备进入大学深造做预备。这类学堂由各省在省城设置一所,经费由该省筹备,招收中等学堂毕业生,收取学费。学习年限共三年,每星期开课36小时。高等学堂的学科分为三类:第一类为预备进入经学科、政法科、文学科、商科等大学的人准备;第二类为预备进入理科、工科、农科等大学的人准备;第三类为预备进入医科大学的人准备。高等学堂的课程注重各国现代语言,以便学生能直接阅读外文著作或听外文讲课。

6.大学堂

大学堂设在北京及各省,招收高等学堂毕业生,收取学费。大学堂分设以下八科:(1)经学科;(2)政法科;(3)文科;(4)医科;(5)格致(理)科;(6)农科;(7)工科;(8)商科。除政法科与医科需四年毕业外,其他各科修业期均为三年。经学科的课程有十一门,每门每星期开课四小时。政法科分为政治、法律两门,每门课星期开课24小时。文科有九门课,每门课开课24小时。医科分医学、药学两门分别开设课程。格致(理)科有六门课程:算学、天文学、物理学、化学、动物学与植物学、地质学。农科分为四门:农学、农艺化学、林学、兽医学。工科分为以下九门:土木工(建筑)学、机械工程学、造船(航海)学、兵器学、电气工学、民用建筑学、应用化学、火药(爆破)工程学、采矿及冶金学。商科分为三门:银行及保险学、贸易及运输学、关税学。不同科的大学每星期授课时数差异很大。

7. 通儒院

通儒院为大学生毕业后研究学术的机构,接受综合大学毕业生和其他能通过入院考试的申请者。通儒院工作和研究期限为五年,其中必须在院内住宿研究二年。所有学生须写作专题论文,阐述调查结论才能毕业。

8. 师范学校

师范学校分为三种:优级师范学堂、初级师范学堂、实业教员讲习所。师范生在校学习期间的各种费用依法全归当地政府筹备,除非学生情愿自费。

9. 初级师范学堂

初级师范学堂以养成高等小学堂和初等小学堂的教员为宗旨。每州、县至少必须设有一所容纳 150 人以上的初级师范学堂,每个省城应设一所能容纳 300 人的初级师范学堂。在特殊情况下也可两三个县合作设一所初级师范学堂,此时学校容量就应是 300 人而不是 150 人。初级师范学堂共有 12 科:修身(伦理)、读经讲经、中国文学、教育学、历史、地理、算学、博物、物理及化学、习字、图画、体操。初级师范分为正科与简易科。正科为五年毕业,每年学44个星期,每星期上课36小时;简易科仅为急需教师时开设,学习期为一年,每星期上课36小时。

10. **优级师范学堂**

优级师范学堂以培养初级师范学堂及中学堂的教员、管理员为宗旨。依照计划,各省城宜各设一所至少足以容纳248名学生的优级师范学堂。优级师范学堂开设三类学科:公共科、分类科、加习科。每个学生都必须学公共科,学期为一年,每星期上课36小时,所学课程有八门:人伦道德、群经源流、中国文学、日本语、英语、逻辑学、算学、体操。分类科的学科共有四类,每类学习期限为三年,每星期上课36小时。分类科以养成特种学科教员为目的,例如:第一类系以中国文学、外国语为主;第二类系以地理、历史为主;第三类系以算学、物理学、化学为主;第四类系以植物、动物、矿物、生理学为主。分类科的四类都要修习以下四门课:人伦道德经典、教育学、心理学和体操。加习科开设十门课,每个学生选修加习科的课程不得少于五科。学生完成课程学习后,毕业时须提交论文。加习科修业期限为一年,授课时数由本学堂教职员酌定。

11. **实业教员讲习所**

实业教员讲习所以养成各实业学堂及实业实习普通学堂、艺徒学堂的教员为宗旨，招收中学堂或初级师范学堂毕业生。实业教员讲习所分为农业、商业、工业三种，通常附设在农工商大学或高等农工商业学堂内。在尚未分设立这两种大学或高等学堂的省份，应独立设置一所实业教员讲习所作为发展实业学堂的基础。

农业教员讲习所、商业教员讲习所的学习年限均为两年；工业教员讲习所的完全科学习年限为三年，简易科学习年限为一年。农业教员讲习所共有23种平行科，商业教员讲习所共有15种平行科。工业教员讲习所的完全科及简易科所修课程均分为6种平行科。完全科为：金工科、木工科、染织科、窑业科、应用化学科、工业图样科。简易科为：金工科、木工科、染色科、机织科、陶器科、漆工科。* 完全科的各科开设课程自17种至19种不等，简易科的各科开设课程自8种至11种不等。各科目都有必修课、选修课，选修课则由学生自主选择一二门学习。

12. 实业学堂

实业学堂包括以下各种：艺徒（实习）学堂、初等实业学堂、学徒（补习）学堂、中等实业学堂、高等实业学堂。高等实业学堂招收中学堂毕业生；中等实业学堂招收高等小学堂毕业生；初等实业学堂招收初等小学毕业生。实业补习普通学堂则招收有高等小学二年程度或在外谋生而有志于实业希望充实自己知识的人。艺徒学

---

* 此处各科目名称在英文原文中没有，为保证叙述完整，依据本书商务印书馆1916年版补充。——译者注

堂也是招收初等小学毕业生。各种实业学堂都须经过入学考试才能入学。各学堂收取学生多少学费根据学堂所在地的承担能力，由各省酌定。初等实业学堂的学习年限从二至三年不等；中等实业学堂学习年限为预科二年、正科三年。高等实业学堂学习年限为预科一年，正科三年或四年。实业补习普通学堂课程学习需三年。艺徒学堂的学科较多，完成不同课程的学期长短悬殊较大，长的需要四年，短的仅需六个月就能完成。

13. **特殊学校**

特殊学校有两种，即译学馆和进士馆。译学馆是为培养翻译人才，招收中学堂毕业生，学习年限为五年，每周上课36小时。译学馆开设英语、法语、俄语、德语、日本语五个语种的教学，每个学生选择其中一种专门学习。进士馆为进士、翰林研究西学的场所，学生来源于旧制的科举考试。对其进行普通教育是因为相信这样有助于其未来为官尽职。学习期限为三年，每星期开课四小时，共安排学习十一门课程。

废除科举

在教育改革期，如何改善科举制是慈禧太后与各位大臣们怎么也绕不过的问题。1901年，朝廷第二次宣布在科举考试中废除八股文，用简短实用的时务论替代。武举制度也再一次被废除。然而这些改革措施虽然初时显得激进,可很快又显得不够。因为人们发现只要科举考试仍然进行,那么现代知识就不被重视,学子们仍然会走回科举的老路。尽管现代教育得到扶植激励,新学校依然很少,普通人迟疑不决,不愿为建立新学校做贡献。有志维新的领袖们此时坚信,若不完全废除旧的科举制度就不足以为现代教育制度建立提供充分的机会。但要彻底废除事实上已成为中国政体筋骨的科举制度,即便对那些最激进的改革领导人来说,也是过于革命化的一步。1904 年*,中国三位伟大的政治家张之洞、张百熙、荣庆向朝廷上奏,详细阐明逐渐废科举制度的计划。在这份奏折中,他们表示,若各省督抚能够依照兴办新学章程督促实行,不出十年,学堂出身的人才必能有效满足国家用人的需求。但如果科举名额不能依年递减直至废止,新学堂的设立就会受到阻碍,这个目标就不能实现。然而,如此冗长的渐废科举政策对于那些急切关心教育改革进步的人们而言,显得过于漫长。1905 年,袁世凯等人再次上奏朝廷,宣称完全废除科举的做法并不违背古制,反而是遵循了古制精神,因为三代以前都是从学校中选士。该奏折为证明这一观点指出,日本、西洋各国的富强基础不在别处,无不是由于他们有学堂,而中国正经历多艰的时局,亟需受过现代教育的人才。他们断言,若不立即停止科举考试制度,人民就必然对进入新学堂持观望态度,如果中国希望普及现代知识,就必须首先从告别为科举考试而学习的老路开始。这一由部分最有经验的政治家提请发展新教育的奏

* 原文此处为 1903 年,由于该奏折递交的时间是 1904 年 1 月,可能在阴历与阳历换算上有误,这里采用与史实一致的说法。——译者注

章极有效力。1905 年,朝廷颁布上谕,立即废除与中国历史相伴而生的科举制度。随着旧制度的消灭,由旧教育向新教育的过渡也就同时告成。

第五章　现代教育制度的建立(1905—1911)[①]

1903 年由清廷特命的新学制起草小组所拟的《奏定学堂章程》,仅在 1905 年到 1911 年清朝覆亡前的短短数年间得以切实施行。各方面都必须做出适当的调整,不仅旧制度下的科举教育机构被抛弃了,而且也引发了社会与政治等各方面的骤变。同时,引介现代知识的势头迅速扩散,前所未有。在这些多变年代中,关于新教育制度的各种奏章、谕旨以及法令汇集成册有 12 卷之多。虽然细微地陈述每个细节并非本研究的原意,但还是有必要追述建设现代教育制度的各个步骤,以便能理解现今新共和所关注的教育改制。

设立学部

1905 年 12 月,清政府决定设立学部*,迈开了建立新教育制

---

① 本章资料主要来源于《大清教育法令》。

* 内阁奉上谕内容如下:"本日政务处、学务大臣会奏议复宝熙等条陈一摺。前经降旨停止科举,亟应振兴学务,广育人才。现在各省学堂已次第兴办,必须有总汇之区,以资董率,而专责成,着即设立学部。荣庆着调补学部尚书,学部左侍郎着熙瑛补授,翰林院编修严修,着以三品京堂候补署理学部右侍郎。国子监即古之成均本系大学,所有该监事务着即归并学部。其余未尽事宜,着该尚书等即行妥议具奏。该部创设伊始,兴学育才,责任甚重,务当悉心考核,加意培养,其于敦崇正学,造就通才,用副朝廷建学明伦化民成俗之至意。余着照所议办理。钦此。"——译者注

度的第一步。清廷在回应政务处和学务处联合上奏的上谕中写道:依据政务处学务大臣会奏,设立学部,作为监督管理与推广全国新学堂制度的总机构。新的学部所掌的职务即昔日属于礼部职责内的教育事务。该上谕还将国立大学体系中原称"成均"后称"国子监"的事务归并学部,荣庆*被任命为第一任学部尚书。当时,学部为朝廷中的十一行政部之一。这十一个行政部包括:外务部、吏部、民政部、度支部、礼部、兵部、刑部、农工商部、理藩部、学部、邮传部。

依据1906年朝廷颁布的学部官制,设尚书一人,左右侍郎各一人,左右丞各一人,左右参议各一人,参事官四人。这些官员依靠学部内部分设的五个司办事,这五个司即:一为总务司,二为专门(技术)司,三为普通司,四为实业司,五为会计司。每个司又分设若干科,五个司中有三个司设有三个科,两个司设有两个科。负责每个司的事务的是一位郎中,负责每个科的事务的是一位员外郎,另有一两位主事人员。学部中设有视学官、咨议官数人,分为四个等级;负责教材编译出版的编译图书局已归并到学部的国子监处管理。学部的职责包括编纂教育法律、任命部视学(约12人)、撤销任何不称职的教育官员的职务、对各学堂不称职的教员管理员提请学使撤换、提名省级教育官员人选。简言之,除一部分专属教育权和地方教育官的职务外,学部视学具有对各种教

* 英文原文此处介绍荣庆任职南书房行走兼翰林院掌学院士(the assistant grand secretary and chancellor of the Hanlin Academy),查史料荣庆没有此任职,所以未译出。——译者注

育事务的绝对控制权。①

新学制的宗旨

早在1906年,应学部尚书《奏定宣示教育宗旨折》的奏请,朝廷颁布上谕《钦定教育宗旨》,宣布新教育的宗旨在于发展青年一代以下思想:忠君、尊孔、尚公、尚武、尚实。该上谕申明:“忠君即所以爱国,尊孔以立道德之基,尚公以提倡公共合作之精神,人人有尚武之精神,则自强可以御外侮,能尚实必讲求开发富源,期有益于国计民生。”这里的教育宗旨体现的依然是中国传统的观念,认为教育当为国家谋幸福,重团体而轻个人;而不是像古希腊式的教育,以养成有尊严的个人以成为整体之一员,重个人而轻团体。在此不想讨论已经重复多遍的国为民而成或民以国而立的问题。究竟是国民为国受教育,还是国家为民施教育,表面看似两种绝对

① 中央政府除了学部外还有以下专属机构有权管理教育:京师督学局职责是管理京城内所设的师范学堂、中学堂和小学堂。外务部有部分权力管理用美国政府退还庚子赔款盈余所建的留美预备学堂清华学堂。兵部主办分布在全国各地的陆军学堂以及在福州、天津、烟台与南京的海军学堂。礼部则仍掌管已废止的原科举制时期延续下来的未了事宜,还参与学堂的制服、节庆以及与公开礼仪相关的事项。凡在内外蒙古、西藏与满洲等边疆省区设立的学堂则属于理藩部管理。培养邮政公司任职人员的电报学堂归邮传部管理。农工商部对设在全国各地的部分特殊专业的工业学堂及艺徒学堂都有监督权。吏部则办理中等学堂以上毕业生的学位认定和授职。1908年,朝廷颁旨批准财政部在北京建立一所财政学堂,由财政部管理。多年来,海关所办的北京同文馆和广州同文馆都是属于中国海关教育司管理的特殊学堂。至1902年,北京同文馆归并入京师大学堂,然而广东同文馆直至清朝灭亡时仍在海关管辖之下。1908年,海关税务司为培养海关办事人员,在北京创立一所税务学堂,该学堂由海关而非学部管理。

相反的教育宗旨,各自代表了不同历史时期的教育,选择哪一种教育宗旨主要决定于其国家理念。①

1906年的官制章程

在教育史家看来,中国曾试图将自己的教育经验与现代最新的教育法结合,1906年可视为迈出这一步关键一年。在这一年中,新建的学部起草了数部官制章程及法令,涉及教育制度的组织法与行政法的各项规定,并在得到朝廷谕旨后颁布,要求各省遵照施行。这些官制章程的一个重要目的是统一规范教育行为。教育会章程是其中最值得注意的,该章程颁布后不久,教育会就遍布全国。此外,学部官制章程以及视学官章程详细规范了国家的教育行政。再就是属于地方教育行政法的各省学务官制、省视学官章程以及推广教育的劝学所章程。虽然当时所颁布的官制章程及法令等实行不久就被废止,但通过这些规章,刚刚建起的教育体系达到了理论上的高度完善。

调查全国教育状况

1907年,中国官员迈出真正有政治家气派的第一步,这年学部指令各省提学使,要求各府、厅、州县仔细调查各自境内的教育条

① Cf. Perry, *Outlines of School Administration*, pp. 14—15.

件,并报告调查结果和问题,以便作为未来教育政策的决策基础和向导。这次调查要求收集的信息内容范围是:当地自然环境特点;当地户口数;当地的种族、知识、道德与宗教特点;当地风俗、生计方式与文化状况;其财政能力,包括能够收到的税收总量以及可用的钱粮与杂税具体数额;教育总量的统计,包括学校数、学生数及校舍、维持学校的方式,可用于教育的资金数额。经过这次调查,政府不只是熟悉了全国教育的状况和发展教育的能力,而且对施行公共教育体系所必须考虑的数以千计的具体因素和措施也有所了解。

预备立宪的分年筹备教育计划

在新教育推行的同时,兴起了选举代议政府的运动。1908 年,清廷颁布建立宪政政府的宪法*,预示着步入宪政的准备。学部尚书意识到立宪政治的民选政府成功与否,在很大程度上要靠提高民众的知识与道德水平,于是颁行促进新的民众教育制度发展的分年筹备教育计划。这一计划中的每一步都由中央学部与省级地方政府共同负责,自 1909 年开始,共分八年实施,至 1916 年分年筹备教育计划中的各项任务完成,这年即是诏书许诺召开国会建立宪政政府之年。这确实是一项令人鼓舞的计划,如果真能按照这一分年筹备计划逐渐推进,则到第八年即 1916 年年末,中国的教育制度不难与世界上最发达的教育制度一比优劣。这一计划尽管遭到质疑,清廷还是及

* 1906 年 9 月 1 日,慈禧公布《预备立宪之诏》;1908 年 8 月 27 日颁布《钦定宪法大纲》,这是中国历史上第一部宪法。——译者注

时颁布并立即实行,后来由于内外大臣看到国事日非,纷纷奏请缩短立宪期限,朝廷颁旨同意将立宪期限由1917年提前到1913年,原定计划不得不搁置一边。由于预备立宪的时间缩短至四年,分年筹备教育计划不得不在原计划基础上调整为一个更短的计划。结果,1910年学部发函要求各省将所兴办的教育分为最重要和次重要两种分步实施,在此基础上1911年初学部又将最后两年的教育实施方案上奏朝廷,并获颁旨发表施行。不料这年八月武昌首义导致清朝覆亡,这个计划方案也如同昙花一现被扔到一边。

国家视学制度

1906年所颁布的学部官制就列有视学官条目,然而并未实行,直到预备立宪分年筹备教育计划中才列入更详细的视学官章程。1909年下半年,预备立宪分年教育详细计划被采纳后不久,学部奉旨于1910年派第一批视官前往河南、江宁、江苏、安徽、江西、湖北与浙江六省*,翌年派出第二批前往其余各省。学部汇集各视学官的报告上奏朝廷,虽然这些报告偏于概括笼统,却能从中窥见那个时期各地教育状况。报告中不仅有各地学校的成绩与问题,也有应该做出哪些改善和调整的建议。由于第一个视学制度已在民国后进行了修改,故没有必要在

* 依据当时的《学部官报》,视学制度并非像本书所说的1906年并未实行,直到1909年才派视学官。事实上1906年9月8日即派罗振玉、田吴炤、刘钟琳、张煜全四人赴直隶、河南、山东、山西四省考察学务,这才是中国派出的第一批视学;只是1908年《学部奏报分年筹备事宜折》将视学规范更加细化;1909年所派的视学官视学的省份是江苏、湖南、浙江、湖北、安徽、河南、江西,与本书所提到的六省也不完全一致。(参见江铭主编:《中国教育督导史》,人民教育出版社1994年版,第103—105页)——译者注

此详述，仅对其中有助于我们理解这一新制度的数条加以陈述。

国家视学官前往各省视察教育是代表学部进行的实地工作。依据1909年所颁布的《视学官章程》，全国分为12个视学区，每区包括两个省或三个省。每区派遣视学官两人，每年一任命，但每年只对12个视学区中的4个进行视察，这样每三年就可视察完一轮，三年之内每个视学区必须被视察一次。这一章程要求每区所派两名视学官中至少须有一人精通一种或多种外文以及各种科学，以便在考察中等以上的学校时能够对工作的好坏做出准确判断。对合格视学官资格的其他要求是宽宏大量、深明教育原理。视学官的职责有二：一是将所视察学区省份的教育进展向学部报告，保证学部熟悉相关情况；二是督促并帮助各省实行各种教育政策。

1911年第一次中央教育会议

1911年，学部奉朝廷谕旨设立中央教育会，作为学部附属机关，这是一件很重要的事。它是仿照日本教育体制的高等教育会，职责类似于英国的教育咨询委员会（Consultative Committee）以及其原型法国的教育咨询议事会（Comité Consultatif），是一个顾问咨询机关。建立这一机构的目的，是汇集全国教育界知识渊博、经验丰富的精英，运用他们的经验和学术，帮助学部建立完备的教育政策，并促进学校的进步与发展。中央教育会的会所设在北京，每年暑假举行为期30天的会议。会议议题限定为中学以下的教育教学问题。教育会的会员都选自学部、民政部、海陆军部、京师督学局、提学使署、省视学、省教育会以及退休的视学官，或学部直辖各学堂的监督,以及师范学堂、中小学堂的监督堂长。会员任期为三年。

1911年夏,在北京举行了第一次中央教育会会议。各省会员代表百余人到会。经提议讨论的议案有:强制义务教育、停止使用科举功名奖励新学堂毕业生、军国民主义训练、政府资助小学堂、初级师范受提学使节制、废除小学读经、强制添加手工课、统一方言读音、政府津贴小学教员、协调统一初等小学教法等。议决的议案大多获得学部尚书批准施行,后因秋天发生武昌革命,这些本该施行的议案并未能实行。

省级及地方教育管理制度

中国省级及地方教育行政管理体制的演变是中国现代教育进步的重要组成部分。1906年以前的地方教育管理体制可以简单概括如下:雍正朝(1723—1735)开始在每省设一名提督学政。在雍正之前的清朝初期曾仿明制设提学道的官职。提督学政通过礼部举办的科举考试,组织士子参与考试与各省建立联系,他的工作得到各府州县教官的帮助。除了这些与旧教育管理制度相关的学政教官外,大多数省都设有学务处,负责与兴办新学有关的各项事务。

1906年,应学部的奏请,朝廷颁布新的地方教育行政管理体制替代前面所说的昔日学政。在新体架里,各省设提学使司,各省提学使由学部向朝廷提名奏请,由朝廷任命。就职衔而言提学使与省级政府的另外两个主要执行官员布政使和按察使(又称藩臬两司)平级,是省督抚或省长的下级,并归其管束。同时,省督抚在与办理教育相关的事务上又要接受学部的管理。然而,在一般事务上,提学使司实际上是全省教育官的首长。替代旧制中学务处的是新制的学务公所。学务公所分为六课,每课设课长一人,副课长一人,由提学使任命。学务公所还设有议长一人,议绅四人,他们的职责是协助提学使设计实施教育计划的路径和措施。议长由省督抚请求学部向朝廷奏准委派,议绅则由提学使延聘。1906 年颁定的省级教育行政管理体制还包括每省设有六名省视学,其职责是监督指导本省教育工作。省视学由提学使提名,请省督抚任命。

在更小的行政区域,如各府、厅、州、县甚至乡村,地方官负有执行省级教育政策发展教育的责任①,他们的职责主要是监督和执行。在每个府以下的行政区域,如厅、州、县,都设有劝学所,对当地学务负总责。每县劝学所内设视学一人,由提学使任命,是当地教育的主要执行官。地方上的每个学区也有一名劝学员,负责当地的兴学事务,由劝学所所长推荐后归地方官任命。劝学员从熟

① 为实现地方治理的目的,中国的省级行政区通常被划分为各种不同的行政单位,主要的有六种,即:府、厅、直隶厅、州、直隶州、县。府是省下较大的行政机构,由一位直接归省政府管辖的布政使司官员统领。厅是省下小于府的机构,同样由一位直接服从于省政府的官员掌控,或者作为府的下属机构。前一种情况称为直隶厅,也就是直接由省政府管理。后一种情况则称为散厅。州比厅更小,同样有两种,或独立于其他机构,或作为府的下属机构。两者之间的不同在于:厅级政府比州级政府更类似于府级行政机构,州级行政机构更简单。以直隶一词冠名的厅和州在级别上和府相同,直接隶属于省;直隶一词也可意为独立。非直隶散厅和散州都可以称作区。县也是一种区,是一种隶属于府级管理的比较小的行政区划,它的上级机构可以是府或直隶州或厅。这一行政区划是 1906 年的官制为便于地方教育行政管理对地方行政单位的规定。然而,每一个较大的行政区域都被划分为比较小的学区,从有城墙的城内或城的附近延展到郊区、乡村和偏远的村庄。每个学区覆盖三到四千户人家。有时一个学区仅有两三个村庄,有时则十多个村庄都在一个学区内。

悉本地情况、热心教育的绅士中挑选。这一官员实际上是从事实地工作的代表,在劝学所指导下,并直接为劝学所服务。在地方上最底层的负责人则是各乡的学董,从热心办学的乡村或区县的人士中挑选。学董的职责是筹集学堂经费以维持学堂正常经营。

以上就是对1906年颁布的地方教育行政管理体制的简单介绍,这一制度自颁布后一直实行到1911年,真正的实行期为六年。1911年年初以后,一些地方的局势发生了变化,有些地方成立自治会,准备组建宪政政府。地方政府的这一变化必然带来教育行政体制的调整,原来由府、厅、州、县管理的教育行政权力交给自治会,但在城市或乡村的一些地区,教育行政权可能交给新组建的乡学联合会。这些联合会由那些不能独立支付办学所需经费的若干个乡联合组成,以便当地有学校;它们与美国、加拿大等地为提高教育效力而由占据领先地位的若干农业区组成的资金雄厚的联合会不可同日而语。然而,这次教育行政管理上的变更仅仅发生在已经成立自治会的先进地区,其他地区则依然照1906年的制度运行,直到爆发革命后不得不做出进一步变更为止。

派遣留学生[①]

派遣学生到海外留学的运动一开始或多或少出自偶然,很快清政府看到出洋留学生增长得如此迅速,以致有必要建立监督与考试的制度以提高成效。1907年以前,中国在国外的留学生全都

① H. E. King, *The Educational System of China as Recently Reconstructed*, Ch. VIII.

由中国驻该国公使照料。1907 年，中国开始派出监督，负责管理欧洲的留学生。翌年，中国驻日本公使馆组建了留学生监督处，专门负责管理在日本的中国留学生。* 又因为欧洲留学生分散在欧洲各国，一位监督很难管理所有留学生，于是 1909 年加派监督分赴法国、德国、俄罗斯、比利时、英国等国家①，并在中国驻该国公使馆内设立类似留学生监督处的机构，该机构接受公使的节制。但是两年后这些留学生监督处全被撤销，中国在欧洲的留学生直接归他家乡的政府管理。在美国的留学生当初也像日本、欧洲那样属公使管理，自 1907 年起，中国驻美公使就从照看留学生的负担中解脱出来，由庚子赔款特设一个机构负责对留学生进行监督。②1913 年起，各省留美学生都由留美学生监督处管理。

为学生出国留学设置的考试分为两种：一种是未出洋之前的考试，目的是测验其是否具有留学资格；另一种是在其毕业回国后的考试，目的是在任命其为某个官职之前测试其是否具有相应的能力。出洋资格考试考的是中学堂毕业生或具有同等程度的人，要求懂得目的地国家的语言，能直接升入对方的高等专门学堂的

---

* 据载，1899 年 6 月中国就派夏偕复赴日本任留学生总监督，同时像湖北、南洋等在日本留学生较多的地方还专门派了留学生监督。——译者注

① 当初负责对比利时留学生的监督同时负责英国留学生。

② 出于对美国退还 1000 万美金的庚子赔款的感激，中国与美国签订派遣留美学生规程，自退款第一年起，清政府在最初的四年内，每年至少应派留美学生 100 人，自第五年起每年至少要派 50 人赴美，直到退款用完为止，28 年共派遣留学生 1800 人。（据相关史料，1908 年 5 月 25 日，美国国会才通过罗斯福的咨文。同年 7 月 11 日，美国驻华公使柔克义向中国政府正式声明，将美国所得“庚子赔款”的半数退还给中国，作为资助留美学生之用；1908 年 10 月 28 日，两国政府草拟了派遣留美学生规程。所以文中说的 1907 年尚未成立留美学生监督处，据查，这个机构 1909 年，才在华盛顿建立。——译者注）

学生才算合格。1907 年夏,江苏省举行了第一次出洋留学生选拔考试。这次考试允许女学生应考,是中国亘古未有的创举。当时有 600 余人报考,经审查,只有 72 名青年男子和 10 名青年女子具有考试的资格。经过三天的考试,选中了 10 名男生和 3 名女生,他们都能直接进入外国大学学习。次年,浙江省政府也在杭州举行同样的考试。1909 年,北京第一次举行官派庚子赔款留学生考试,600 余人投考,只选派了 47 人。此后中央与各省政府举行了多种出洋考试,但上述庚子赔款的留学生不再由考试直接选派,而必须在清华学堂经过预备课程的培训后才能派出。第一次对回国留学生的考试于 1905 年在北京由礼部举行,对考试合格的人赐进士、翰林、举人出身。此后这种考试改由学部每年进行一次,直到 1911 年,随着给大学堂毕业生奖励科举功名制度的废弃,给留学生奖励功名出身的做法也就一同废止。

文官考试制度与教育考试制度的分离

废除了政府给高等学堂毕业生授予官职的制度,标志着文官考试制度与教育考试制度的分离,这确实是中国教育史上极有意义的一件事。从我们对历史的考察中可以看到,在唐朝以前,所有学者都是通过科举考试进入仕途的;而从唐朝开始,由于科举考试与任命官职分别属于礼部和吏部两个部门,通过了礼部举办的科举考试而得不到吏部任命官职的大有人在。尽管现实如此残酷,进入官场依然是士子们读书的目标或希望。中国引入新学制后,还摹仿科举制的做法,以官职奖励高等学堂毕业生,给予他们进入官场的权利。然而由于高等学堂的毕业生逐年增多,数量远远超过了空缺的官位,于是不少毕业生虽然名义上得到了官衔,事实上得不到官位。除了这种大家都不愿意发生的不正常状态,这一惯例还使学生仍然以功名作为教育的目的,而那些不想进入官场的人就认为除了日常生活与生计必需要的基本知识外不需要再学习了。的确,即便旧的教育制度已被废弃,嵌入中国人思想中的这些教育观念并没有完全被成功地消除,它本就不是新教育所应当持有的观念。

然而,废止这种受到质疑的惯例的直接原因,是那年建立了新的文官考试法,使得对高等学堂毕业生进行考试并授予官职完全没有必要。尽管对此人们已经有了清醒的认识,但完全不给高等学堂毕业生学位奖励,对新教育制度的建立将是一场大灾难。为了挽回人心,政府采取了一种新的折中措施,就是给学堂毕业生授予仅仅带有学术荣誉而不附加官职特权、不能进入仕途的学位。依据新的制度,授予的各种学位如下:大学堂毕业生得进士,高等学堂毕业生得举人*,中等学堂与同等程度的学堂毕业生得贡生,高等小学或初等实业学堂的毕业生则称为生员。

学校组织的变化与发展

自 1904 年**颁布《奏定学堂章程》起至清朝覆亡止,学校组织

---

* 此处原文将大学堂与高等学堂毕业生都说成得进士,这里依据史实分开如译文中的陈述。——译者注

** 原文为 1903 年,但《奏定学堂章程》的颁布时间为光绪二十九年十一月二十六日,即公元 1904 年 1 月 13 日。——译者注

的变化较多,至少可以分为三种方式:一是广泛推广新教育;二是提供更多样的课程以满足学生和社会的多样性需求;三是删除过于繁琐的程序。当时教育变革的趋势与政府在政治变革方面的精神是保持一致的,也就是说这一运动趋向于采纳更符合大众要求的立宪政体。同时,在各种学校的课程中,经学仍然占支配地位,显然是从旧制度向新制度的过渡尚不完全彻底,至少没有像教育家们理想的那样,也就是没有像国民们理想的那样。改良不可骤然而致,因为新教育制度建立不久,便必然有保存古代经典和教授法的呼声起来反对。幸好,与教育史上其他国家新学与旧学相争绵延多年相比,经学在中国新学校课程中占统治地位的时间较短。这一事实后来将变得十分清楚。同时,我们将进一步追踪新教育制度建立中更为重要的以下各方面变迁:普通教育、师范教育、实业教育与高等专门教育。

1. 普通教育

(1)初等小学堂

根据1904年颁布的《奏定学堂章程》,初等小学堂修学年限为五年,每星期上课30小时。1909年,由于增加了国文课,每周课时增加到36小时;但同时又设立有两种小学简易科以满足民众对教育的不同需求,一种程度较深的四年毕业,另一类程度略浅的三年毕业,由学生家庭自主选择。多年的经验表明,四年课程毕业的初等小学最为适宜,于是三年制的初等小学被统一的四年制替代,成为全国初等小学的学制。在一开始的第一二学年初等小学,每星期上课24小时,到第三四学年则增加到每星期上课

30 小时。在重新修订的课程中，仍是国文与经学占了大部分课时，在第一二学年每星期占 14 小时，到三四学年则每星期增加到 15 小时。

（2）高等小学堂

1910 年，由于受到初等小学堂章程变更的影响，高等小学堂的课程也不得不作相应的修改与调整：音乐一门列入选修课。位于通商口岸的学堂第三四学年可加开英文课。为统一方言读音起见，官话加入课程表作为附加课程。然而新的高等小学堂的修习年限仍为四年，自第一年起至第四年止，每星期上课 36 小时。

（3）女子初等小学堂

在 1907 年以前，女子教育的重要性就经常被政府官员强调，各省就已建起为女子设立的学校。但这些女子学校都是由私家设立，中央政府对于女子教育未采取任何行动，既未设一所学校也未立一项规章制度。1907 年，朝廷准奏了学部起草的一套女子小学堂章程。该章程准予设置与男子相同的三种小学堂，即女子初等小学堂、女子高等小学堂和女子两等小学，后者是前两种小学堂的组合。女子小学堂的宗旨类似于男子小学堂，仍以养成道德、发展智能、增强体质为主。女子小学堂与男子小学堂分别设立。女子初等小学堂的入学年龄为自 7 岁至 10 岁，女子高等小学堂的入学年龄为自 11 岁到 14 岁。女子初等小学堂修习年限为四年，每星期至少上课 24 小时，至多上课 28 小时。女子高等小学堂学习年限也是四年，每星期开课时间可在 28 小时到 30 小时之间。女子初等小学堂有五门必修课，即：修身、国文、算术、女红、体操。音乐、图画两门作为选修课。在头两年，国文课每星期 12 小时，后两年则为 14 小时。女子高等小学堂在初等小学堂已开课程基础上再增加历史、地理、科学三科。整个高等小学阶段都注重国文教育，每星期开课9小时；第二重要的是女红，在第一二学年每周开课5小时，在第三四学年则增加到每周开课6小时。

(4)简易识字学塾*

在1909年，学部拟定的分年筹备预备立宪教育事宜单中，开列有简易识字学塾章程。建立简易识字学塾是为了解决小学堂数量不足的问题，以简易识字学塾作为补充，满足民众教育亟需。凡是在经费难筹、师资缺乏，而当地父母和孩子生计困苦又缺少闲暇的地方，都适合设立简易识字学塾，作为成年失学者及贫寒子弟无力就学者学习识字的场所。简易识字学塾的学生不用交学费，需要使用的书籍物品都由学塾免费发给。每日授课1小时至3小时不等，授课的时间可在上午、下午或夜间。在简易识字学塾学习三年的毕业生可升入初等小学堂第四年级学习。至1911年，简易识字学塾章程作了修改，学习年限统一为两年，每星期上课12小时。从这种简易识字学塾毕业的学生可升入初等小学堂第三学年学习。

(5)半日学堂

早在1906年，给事中刘学谦向清廷奏请不分年龄、不收学费，每两三百户必须设立一所半日学堂，朝廷下旨准行。设立半日学堂的动机与设立简易识字学塾相类似，都是为贫寒子弟提供识字机会。

(6)改良私塾

清朝教育行政官员认识到中国的经济实力不足以建立足够多

* 简易识字学塾原文使用的是 Language-made-easy school。——译者注

的新学堂以满足学龄儿童的需要。于是，在1910年，学部决定充分利用遍布全国的传统私塾，并制订改良私塾章程。私塾种类有：用官款或地方公款专为当地贫寒子弟设立的义塾；在宗祠内或其他公共场所专为一姓子弟设立的书塾；一家或数家为其子弟延聘教师授课的家塾；塾师在自家自行设立招收附近学童的蒙童馆或经馆。改良私塾的计划通过采用新的教科书及其他措施进行，为达到目标，以改良教法为主，且为这类学堂制定了特殊课程。毕业于这些使用改良课程的私塾的学生，可以升入新学堂中的高、初等小学堂。1907年，学部曾批准京师学务局拟定初等小学简易科课程，在北京对这一计划的可行性进行了实验。当年下学期，发现京城内仅有12处私塾按照简易小学课程进行了改良，在校学生只300余人；而没有改良的私塾数倍于此。为鼓励改良，朝廷采取了通过督察和给改良的私塾发名誉奖金的办法，效果令人称奇。在1908年上学期，达到改良标准的私塾共42处，在校学生1000余人；这年下学期增至89处，在校学生2200余人。到1910年初，京城内改良的私塾已有172处，在校学生总数达4300余人。达到这一效果仅用去奖励金1370两，受益的却是172所学校和4300余名学生，可说是成绩显著。这一实验的消息传遍全国，北京的做法为各省所效仿，但是由于革命的忽然爆发，尚无全国各地这一方面的统计。

(7)中学堂

1909年，应学部奏请，朝廷下旨将中学堂课程分为平行的文科和实科两科，以满足学生不同的需求，学生可选择感兴趣的一科学习。实科重科学和工艺，文科重经学。两科学习的课时数与此前相同，仍为每星期36小时。1911年年初，对中学文、实两科课程做了修改,标准有所降低,性质更为普通。做出这一改变的原因,一部分是由于缺乏合格教师和学生,另一部分是由于难以备足所需的设备。进而,也有让中等教育少些专业化的想法,认为中国在中等教育开设如此高度专业化课程的时机尚未到来,就不能效法德国的教育。

2. 师范教育

(1)初等和优级师范学堂

1906年,学部命令各省变通师范章程,将下列各科加进师范学堂课程之中:在初等师范学堂设置修业一年的初级简易科,训练小学堂教师;在优级师范学堂设置修业两年的选科,培养府县师范学堂和中学堂教师;以及修业五个月的体操专修科,培养小学体操专业的教师。选科分为四类:历史、地理;理化;博物(自然);算学。从1910年开始,学部拟提高教师标准,特通令停办优级选科与初级简易科,但为升入优级师范预备的两年补习班课程已经建立。在初级师范学堂加入了单级教学、二部教学的实习来丰富学堂的课程。

(2)女子师范学堂

1907年对女子教育发展来说是值得纪念的一年,因为这年政府不仅倡议设立女子小学,而且决定设立女子师范学堂。创设女子师范学堂的宗旨就是为女子小学堂培养教师。这一计划最终希望为每州、县设立一所公办女子师范学堂,但在初办时,仅在各个省城及府城用官费筹设一所女子师范学堂。像男子师范学堂一样,女子师范学堂也不收学费,招收女子高等小学堂毕业生,或在高等小学堂完成第二学年的学生。然而，后一种情况的学生必须先入预备班补习一年方可进正规的班级学习。女子师范学堂的课程修业年限为四年，教学时数为每年45星期，每星期34小时。学习科目为修身、教育、国文、历史、地理、算学、音乐与体操。若当地情形需要，可在进入正规师范学堂前加设预备补习班，学习的科目与高等小学堂的末两年相同。

3. 实业教员讲习所

1910年，学部鉴于实业学堂开设甚少，而其深层原因则是由于国内能从事实业教学的师资难求这一状况，创设了一种新制度，以初级师范学堂为标准，创办基础型实业教员讲习所。这种讲习所建在高等实业学堂或初等实业学堂中，或以短期授课的形式设实业教员讲习所简易科。第二年，各省设简易科的居多数，反而在实业学堂中设立完整讲习所的寥寥，原因是财力难以兼顾。于是学部进一步采取变通办法，对实业学堂中的完全科学生加开教育学、教授法、教育法令等师范教育课程。这一变通办法可说完全因经济困难所作的考虑，并没有长期延续的打算。

4. 专门教育

受教育制度变革潮流的影响，高等专门教育领域也不得不有所改变。自1901年京师大学堂设大学预备科到1909年就被废弃，代之以高等学堂，作为升入大学前的预备过程。各种专门学堂相继应运而生。这些专门学堂包括：法政学堂、医学堂、满蒙文高等学堂、存古学堂、清华留美预备学堂。各种专门学堂章程也经学部拟定公布。

教科书的控制

在中国公共教育制度建立过程中,立法指导选择和编撰合格教科书的重要性没有被忽视。在学部尚未建立、相关法令未拟定以前,编纂教科书全由私人机构自理。偶尔也有出版商将其所出版的教科书送往北京学务大臣审查,不过这仅仅是为了增加该书的发行量,而没有法令要求。1906 年,学部官制规定设立图书局,负责出版发行新学制的学校教科书。1908 年,编成系列简易识字学堂课本。同年,系列国民读本也面世。接着,编辑小学教科书及小学教师教学手册。由学部图书局所编的教科书通令各省采用后,各省教育主管部门可设法翻印,要求各个学堂购买使用。同年,学部又订立教科书审定制度,规定民间个人所编或书馆出版的教科书,须经审定后才准许学堂采用。于是在短短数年间,大量中小学堂及初级师范学堂的教科书通过学部审定并公布使用。但对那些未经学部审定的教科书,若没有大逆不道的内容,也不会被禁止使用。

清末教育状况

在描述中国最初推行新教育的情景时,有人将它比喻为没有经验的海水浴者。第一次跳进水中时,身体刚刚入水便又逃离,脚刚刚涉水就又猛然跃起;他不敢接受迷人的诱惑。尽管在一旁看到有经验的弄潮儿任意嬉戏,时出时没,即便水势湍急,也泰然处之,虽心怀嫉妒,也不敢轻易一试!这种比喻即便在刚刚开始实行新教育时贴切,到了清末也肯定是不真实的。清末,政府对于新教育的态度绝不像胆怯的没有经验的海浴者。它已不是一次跳水,而是一而再,再而三,不惜任何代价为人民兴办新教育。

根据1911年出版的学部第三次年度报告,1910年中国的教育状况如下:全国有各种新学堂共52,650所,其中包括师范学堂、实业学堂与技艺学堂,共有学生总数1,625,534人、教员89,766人、教育行政职员95,800人。除学堂外,还有教育机关69处,地方教育会、省城教育会与中央教育会共722个,有劝学所1558个、演讲会(厅)3867个。那年教育总收入计有25,331,171两,同年的教育总支出计有24,444,309两,政府所有的教育资产共计70,367,882两。此外,在这些数据之上还应加上各国留学生数。[①] 1909年,仅在东京的官费留学生就有2387人,其中属于专门学校的1992人,士官学校的395人;此外,东京至少还有2500名私费生。至1910年,中国在日本的私费留学生不少于5000人,其中150名为女留学生。同年,留学英国的官费留学生大约140人,私费生数量也与此相当。在比利时的官费生70人,在法国的官费生80人,在德国的官费生60人,在奥地利的官费生10人,在俄罗斯的官费生约15人。留学比利时、法国、德国、奥地利、俄国等国的私费生没有统计数据,因为他们不受留学生

① H. E. King, *The Educational System of China as Recently Reconstructed*, p. 36.

监督管理。1910年,在美国的中国留学生不下600人。① 广东、江苏、浙江与直隶四省为送出留学生最多的省份,都派遣了大批学生赴美留学,留学生数骤增。

以上数据代表短短数年间中国新教育成绩的记录。下表收集了学部历年报告中各种学校数量的数据,从中可以得出学校增长的具体印象。

学校数量的增长

年份	官立	公立	私立	总数
1905	3605	393	224	4222
1906	2770	4829	78	8477
1907	5224	12,310	2296	19,830
1908	11,546	20,321	4046	35,913
1909	12,888	25,688	4512	43,086
1910	14,301	32,254	5793	52,348

由上表可见,从1905年至1910年间,官立学堂从3605所增至14,301所,公立学堂从393所增至32,254所,私立学堂则从224所至5793所,各种学堂平均每年增速很快。② 各种学堂的学生增加速度也同样迅猛。1903年,中国在新学堂中就学的学生总数仅1274人,从那以后,这一微少的数字逐年稳步增加,到1910年在校学生总数达到1,625,534人。下表明晰地显示出这八年间各种学堂学生人数迅速增长的势头。

① 《中国学生月刊》(*Chinese Students' Monthly*),1910年3月号。

② 官立学堂是从政府国库中划拨资金维持的学堂;公立学堂是从地方财政收入中划拨资金维持的学堂;私立学堂则是由个人建立、捐助维持的学堂。

学生人数的增长

年份	学生总数
1903	1274
1904	31,378
1905	102,767
1906	200,401
1907	547,064
1908	921,020
1909	1,301,168
1910	1,625,534

学部报告中所包含的统计数据表明各省在为该省人民提供教育机会上并不是都处在同一个阶段。有些省进步极其迅速,也有一些省远远落后。例如:1909 年,直隶与四川两省都有 65 个教育会,而同年甘肃仅有 4 个教育会,黑龙江仅有 1 个。同年,直隶与四川两省分别有 152 个和 145 个劝学所,而黑龙江仅有 17 个,吉林仅有 18 个。同样的差距也体现在各省演讲会所数量的较大差异上,贵州有 1167 处演讲会所,在教育的其他方面领先的四川最多有 396 处演讲会所,黑龙江是最落后的省,仅有 6 处演讲会所。同样的差距还体现在各省学堂数与学生数上。造成如此巨大差距的原因有多种,主要有:(1)各省的经济实力;(2)人口数量;(3)居民的知识程度;(4)外力压迫状况,诸如有无外国人的影响等;(5)环境,如地理位置的不同;(6)官员与民众对于教育的热心程度。

要想知道清末各处所办学堂品质,可从全国各地送出参加教育展览的展品中得知其梗概。1910 年,南京设立劝业会,举办实业展览会,征集到并展示出教育展品34,000多件,包括仪器、讲义、图表、绘画、书写样品等物,都属于各学校的物品。经评审,教育展品得奖牌900余面,占所发出奖牌总数的一半,其中部分展品受到参观的欧美教育学者的交相称誉。又经过类似的小规模征集与评选,选出的教育展品送往意大利参加展览会,再次因技术与思想内涵都达到较高水准而获奖颇丰。

辛亥革命以前的教育状况,集中体现了新教育在知识、思想和生活方面的卓著影响。不少决策者都有一个共识,中国的革命运动在很大程度上归功于中国的学堂和大学。受到新教育思潮影响的学生,无论长幼,不能满意于现状,并有了改革社会与政治的热切愿望。的确,正如孙中山和其他杰出革命人物所反复强调的:教育是成功推翻君主专制政体、建设新的民国政府的关键。

第六章　共和体制下的教育重建

辛亥革命及其对教育的影响

1911 年 10 月在武昌爆发的辛亥革命，推翻了清朝，建立起共和政府，一时间将全国人民的注意转向争取自由，也暂时使正处在发展前行中的新教育遭遇顿挫。这次新教育的顿挫只是国内战争的自然后果，类似情况不仅在中国历史上很常见，在其他国家也是如此。在那个风声鹤唳时期，原本用于教育的经费被移用于养军队；不少校舍被改为兵营；不少学校内的用具几乎被暴民抢掠毁坏殆尽，书籍仪器则被抢夺或散落四方。其后果是，大量学堂或高等学堂，或停课，或残缺不全，尤其是那些接近起义中心地区的学校，如成都、汉口、武昌、南京和广东，毁损更为严重。不少同情革命运动的学生，或从事战地志愿服务，或自动组建独立军团，或投笔从戎参加正规军，他们中的一些人成为有影响的革命运动领袖。同样数量的学生组成战时筹金协会，为革命运动筹集经费。仍有一部分志愿者发表公开演讲，以使广大民众知晓革命现状，告知革命家们所主张的共和原则。正因为此，在革命运动期间教育事业一度遭受挫折，不得不有待时日加以恢复。

临时政府的暂行教育政策

1912年1月9日，南京临时政府教育部一建立，就通令17省都督①，要求各省依据教育部拟定的《普通教育暂行办法》及所附中小学、师范学校课程标准落实民众教育政策。这一暂行办法与各级学校课程标准不过为临时政策引导的权宜之计，最终要被征集各地方教育家意见后编制的全新学制所取代，所以缺憾较多。这一通令强调各省迅速重新开办革命时被毁学校的重要性，尤其要以尽快恢复小学为急务。通令要求只采用那些内容合乎共和宗旨的教科书。所有在道德和理念上与共和精神不合的前清教科书及参考书一律禁用。若需使用，除非将违反相关内容的部分完全删改，呈请民政司或教育会核准。此外，废除对中小学毕业生授予科举学位的奖励措施；将中学校、初等师范学校的学期从五年限压缩到四年；要求中学仅提供普通教育，不再分为文实两科。这一通令还呼吁教育管理者重视小学手工课，高等小学以上以军训作为体操课的一种形式，初等小学自第三学年起的算术课加上珠算。临时政府教育计划中最重要的几点：第一，初等小学允许男女同校；第二，小学一律废止读经课。这两项措施都意在彻底摆脱旧制度的影响，并适应政治革命所带来的新环境。

临时教育政策高度重视社会教育。例如，通过各种教育性机构传播知识，方法包括公开宣讲、报纸、藏书楼以及有益的活动画

① 《中国教育评论》，第三卷第四期，1912年1月。

片。无疑,这一运动的推动者,即当时的执政者深信,巩固国家非开通民智不可,稳定的共和在很大程度上要靠公民的智力。而且他们也意识到正规的学校教育一时尚难以普及到所有人的基本事实,于是从社会教育出发,让带有教育性质的机构对那些失学男女或不能就学的青年发挥强大的教育影响。在这样的理念下,教育部通电已宣布共和各省都督,注重教育的宣讲,充分有效地公开演讲和表演活动画片。通令要求各省依据本省情形制定宣讲标准,选辑演讲资料,并将这一方案发到各州县和热心这一事业的人士,要求他们遵照办理。此外,通令要求开展这一活动所必需的经费从各地方行政经费或公款中酌量开支。至于宣讲的主题建议如下:辛亥革命的事实与成就;共和国公民的责任与权利;养成尚武精神的重要;促进国家经济和实业福利发展的重要性;尤应注重国民公德。由教育部在这一特定时期提倡的社会教育运动发挥了巨大的社会影响,各省官民积极响应。这一活动的详情在本篇概述中无暇细述。此后不久,教育部专门创设社会教育司以负责推进带有教育性质的各类机构积极进行社会教育。

1912 年 4 月 1 日,南北统一,袁世凯被选为中华民国总统,临时政府迁到北京,新的教育部匆忙组建,替代了在南京仅代表部分中国的临时政府教育部。新的教育部设立于北京前清旧学部所在地,居全国的中央,统辖宣布独立的省份的一切相关事务。教育部建立初期,多数活动自然属于草创性质。例如:要求先全面考察自革命爆发以后教育各方面所发生的变化。① 指令要求,

① 在这一段所提到的内容以及其他教育部的活动都来源于《中国教育评论》的时事报告部分。

发还在革命运动中及其此后暂时移作军用或其他方面的教育财产。要求凡编写中学以下学校所用的教科书,须先将样本送往教育部审查,以审定是否准予发行。新教育部继续在推进临时政府教育部开启的社会教育方面做出新的努力,竭力奖励社会教育,通令各省政府仿照中央与京师督学局的办法促进社会教育。不过,教育部在成立初期,至少做了一件十分有意义且值得特别注意的事,就是召开临时中央教育会议,征集全国教育家讨论教育要务。

1912 年中央临时教育会议

中央临时教育会议于 1912 年 7 月 10 日到 8 月 10 日在北京召开。该会目的类似于 1911 年召开的中央教育会,即:为促进教育事业的发展,加快进步,征集利用全国教育家的知识与经验,帮助政府制定有效的教育政策和学校规程,提高教育成效。为了保证会议取得最好的效果,参会人员都是一时之选,参会人资格限定为国内外师范毕业生,至少有三年以上教学工作经验,或全国知名的教育工作者。会员的分配办法如下:由 22 个行省及蒙藏地区每地推举 2 人,华侨 1 人,由教育部直辖学校教职员中选派 15 人,再由教育部请内务、财政、农林、工商、海陆军各部派出 10 人,其余则归教育部特别邀请。会议由教育总长主持。规定临时教育会议应议事项如下:学制、中央管辖与地方管辖学校的划分、蒙回藏教育、小学教员优待及其资格认定法、尊孔、国歌选定、高等教育会议组织法,共有 92 件议案提交会议议决。但是在召开的 19 次正式会议上，只有包括教育宗旨在内的比较重要的23项议案得到完全议决，提请教育部采纳施行。虽然与会的教育家们本身没有法律权力，经会议决的议案无强制执行的效力，但这些经过仔细辩论的意见和建议还是对国家教育政策的制定发挥了强大的影响。将这些议决的议案与闭会后教育部重建教育制度所颁布的规程法令作比较便一目了然。

新教育宗旨

教育部迈出重要的下一步是公布教育宗旨，与1906年的教育宗旨有着微妙的不同。前清教育宗旨在每所学校都悬挂：忠君、尊孔、尚公、尚武、尚实。如今，教育被当作养成青年道德品质的工具①。新教育宗旨为：注重道德教育，以实利教育、军国民教育辅之，更以美感教育完善其道德。注重道德教育与孔子之道实际上是相吻合的，然而"道德"两字的含义要留待每个人自己解释。不过，毋庸置疑，此处的道德指的是公德，因为提供这样的教育主要是为了国家利益②，前提是不阻碍世界进步，也不干涉个人发展。民国第一任教育总长蔡元培将道德教育定义为：所谓道德教育，是将自由、平等、博爱的知识传播给人民，而使之产生正确的观念。③

---

① 《教育法令》，第2期，1912年9月2日。

② 《中央教育会咨询程序》。

③ *China Mission Year Book*，1913，p. 254.（蔡元培的原话为："何谓公民道德？曰法兰西之革命也，所标揭者，曰自由、平等、亲爱。道德之要旨，尽于是矣。"——译者注）

教育部曾三次训令全国教育行政官、学校教职员以及各校学生，告知民国教育观。①

重建教育管理体制

中国教育体制重建的第一步，是由袁世凯总统发布第一道教育令②，公布经参议院议决的教育部官制。根据新的官制，教育部设一名教育总长，总管一切教育事宜，并监督全国的学校与教育部管辖的教育建筑物。总长之下设多名官员辅助。除各部官制通则所规定的职员外，教育部还设视学 16 人，以及由艺术与科学专家担任的技正 2 人与技士 8 人。视学及技正为荐任官，教育总长提名推荐后由共和国总统任命；技士为委任官，直接由教育总长委任。教育部的办事机关有总务厅和三个司，将革命前清学部的五个司减为三个司。总务厅所掌管的事务有：教育部直辖学校所有事务；与公立学校职员相关的所有事项；教育协会与会议；调查及编纂事项；学校卫生事项；学校图书馆、博物馆的修建与维持；教育展览。教育部所设置的三个司为普通教育司、专门教育司与社会教育司。普通教育司掌管以下方面的所有事务：师范学校；中等学校；小学校及蒙养园；普通实业学校；包括盲聋哑学校在内的各种特殊学校，以及类似教育事项。其还负责学龄儿童就学，教员的筛选与资格认定。专门教育司掌管以下方面的所有事

① 这些训令的完整文本参见《中国教育评论》，1912 年 9 月。

② 《教育法令》，第 1 期。

务:大学;高等专门学校及类似学校;外国留学生;天文观测与历象;博士会;国语统一会;医士药剂士开业试验委员会。此外,专门教育司还掌管艺术和科学的各种学术协会与学位授予事项。社会教育司掌管以下方面的所有事务:规范公共通俗礼仪;博物馆、图书馆、展览馆;动植物园的学术活动;美术馆、美术展览会;文艺、音乐、戏剧;调查及搜集古代遗物;通俗教育及公开讲演会;通俗图书馆、巡回文库;最后是通俗教育的资料编辑、调查、规划等事项。

1913 年,教育部公布新的视学规程,以替代 1906 年前清所定视学官章程。这次的规程将前清划分的全国 12 个视学区改为 8 个视学区。新的视学区划分如下:第一视学区为直隶、奉天、吉林、黑龙江四省;第二视学区为山东、山西、河南三省;第三视学区为江苏、安徽、浙江三省;第四视学区为湖北、湖南、江西三省;第五视学区为陕西、四川两省;第六视学区为甘肃、新疆两省区;第七视学区为福建、广东、广西三省;第八视学区为云南、贵州两省。蒙古、西藏暂时作为特别视学区域,将制订专门的规程。每个视学区派视学两人,分别视察该区域的普通教育及社会教育,并可请教育部派人协同视察。规定的视察期限自每年 8 月 20 日起至次年 6 月 10 日止。但特别视察依教育部特别命令可随时进行。视学每年视察区域由教育部随机指定。具有荐任文官资格且符合下列各项条件之一的人可以任用为视学:(1)毕业于本国或外国大学或高等师范学校,有一年以上教育工作经验者;(2)曾任师范学校、中学校校长三年以上者;(3)曾任教育行政职务三年以上者。视学应视察的内容有:教育行政、学校教育条件、学校经费、学校卫生、教育官的工作环境、社会教育及其机构设施状况、教育总长特命视察的事项。

凡视学遇有以下情况可直接向当地教育主管官员表达他的意见：一、违反教育法令；二、教育部商议决定的事项；三、学校的教学与管理；四、社会教育及促进的设施；五、教育总长特命指示各种事项。前清视学官职权中所有含有专断性质的权力都不列为民国视学的权力，民国视学的职责仅仅留下建议的责任。这种变化显示出，事实上中央的教育专断权较前清已有减少，地方有了更大的教育自主管理权。

与整个行政体制相同，各省与地方的教育行政体制都带有临时性质，发生着急剧的变化，且此省与彼省的情形各自不同。大多数省设有教育司替代昔日提学使署作为一省教育行政的最高机关。教育司与提学使署的不同之处在于，教育司仅属省行政机构内设的一部分，提学使署则是一个独立于省级行政的机关。教育司长既为教育一司之长，又是省级议会委派的教育官员，由省长任命并向他负责。省教育司之下有归省长委任的省视学数人。在前清各县①的教育机关名为劝学所，民国以后即被废弃，其职责转移到县署中设立的学务科。学务科与劝学所的不同类似于教育司与提学使署之间的不同，即劝学所与当地地方行政分立，学务科则属县级行政的一部分。新的学务科由知县任命一名科长，每县还设一名县视学，同样归县知事委派。在城市、镇、乡的教育事务归地方教育董事主持，这些董事则由当地民众从关注当地社会福祉的人士中推举。各位董事又公举一位学务委员专门负责当地的教育工作。

---

① 由于共和制的建立，此前府一级的行政区划被废止。

修订学制

下列为民国政府建立后所颁布的新学校系统表

1912 年新学校系统

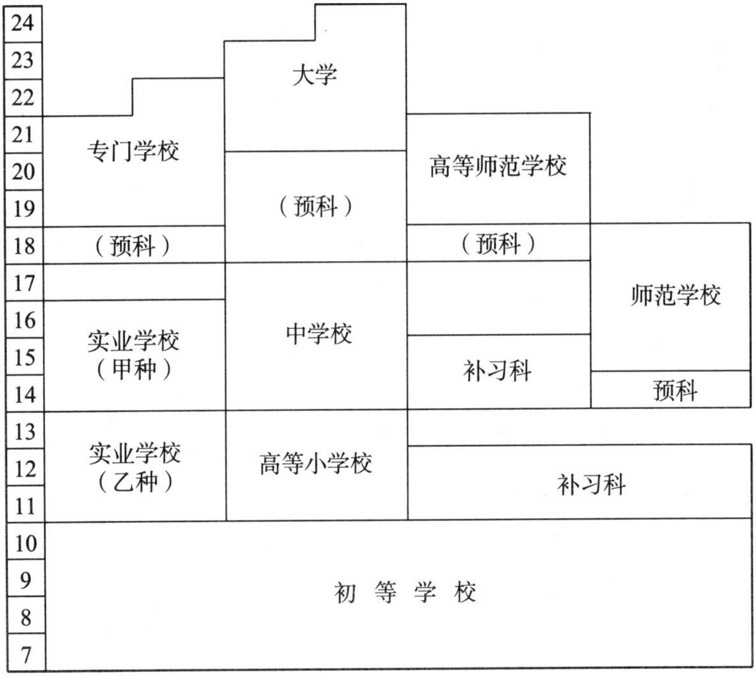

注：高等师范学校也可开设选修课和专修科，每科两到三年。

1912 年公布的《学校系统令》规定：初等小学校四年毕业为义务教育。学生从初等小学校毕业后可进入高等小学校，也可进乙种实业学校。高等小学校三年毕业，毕业后可进入中学校，或师范学校，或甲种实业学校。设补习科，为想继续上学而又无条件升入高一级学校的初等及高等小学校毕业生提供补修学科，同时也为职业做预备，补习科均为两年毕业。中学校四年毕业后可升入大学预科，或专门学校，或高等师范学校。大学预科三年，本科三年或四年毕业，根据所选的学科而定。师范学校预科一年，本科四年毕业。高等师范学校本科三年毕业，接着有一年工作实习。实业学校分甲、乙两种，都是三年毕业。专门学校预科一年，本科三年或四年毕业，根据所选的学科而定。表中所注年龄仅仅是大略的标准，并非限定某年龄的人才能进某种学校。各学校修业期限亦可因自身和当地学校的条件延长或压缩。这次修订的学校系统令与革命前的不同在以下方面：高等小学的修业年限由四年改为三年；中学校修业年限则由五年压为四年；废除高等学堂的一级设置，改为大学预科；此前规定大学毕业后的五年通儒院研究工作年限，现在无特别规定。这样，自小学到大学各级的总计修业年限已缩短数年。这种变化不可不谓是新学制对旧学制的改善。因初、高等小学及中学校修业年限缩短，就有更多学生能够毕业于初等小学、高等小学及中学校。

了解了这一个总框架，接着我们对共和建立后的新学制和新课程做更为详尽的考察。

1. 小学校

小学校教育的宗旨为：留意儿童的身心发育，培养国民的道德基础，并授以生活的必需知识和技能。小学校与此前相同，分初等小学校与高等小学校两级。初等小学校与高等小学校可以合并设置在一起,称为初等高等小学校。

在革命以前,设立小学堂的责任并未指明属于哪个机关。民国的教育法令则明确将筹集小学校经费的责任交给城、镇、乡级政府。那些财力不能独自设立初等小学的乡,可以由两个以上的乡签订协议,联合设立初等小学校。这种联合设立的初等小学得依据地域将所辖区域划分为若干区来设立初等小学校,并设立学务委员专门办理学校管理事宜。在特殊情况下,县级行政长官可指定私立初等小学校为该城、镇、乡代用初等小学校。高等小学校由县级政府设立,高等小学校数量及设立位置由县行政长官咨询县议会的意见后规划确定。城、镇、乡除设立足以容纳本区域内所有学龄儿童入学的初等小学校外,如果财力有余,还可以单独设立高等小学校,或由数个城、镇、乡协议联合共设高等小学校,但这样做须经县级行政长官许可。任何小学的设立、变更或废止须先经县级行政长官许可。县立高等小学校的设立、变更、废止应由县级行政长官报告省级行政长官。蒙养园、盲哑学校以及其他类似小学校的一切事宜依照《小学校令》处理。

城镇学校总董、乡校董及学校联合长由县行政长官指挥,掌管各自属下城、镇、乡的小学校或联合小学校。使用县级财政经费设立的高等小学校由县行政长官直接掌管。县级行政长官要求各城、镇、乡或学校联合区的行政长官,在城镇学校总董、乡校董或学校联合长的指挥下,辅助办理各自辖区的教育事务。所有委任给城、镇、乡立小学校及县立高等小学校校长、教员的教育事务都须接受县行政长官监督。同样,所有私立小学校也由县行政长官监督。

2. 中学校

中学校以“完成普通教育，造成健全国民”为宗旨，并于历史上第一次专门设立女子中学，设置条件与男子中学相同。① 省级行政长官负责建立中学校，根据各省需求规划设立中学校的地点及学校数，并报告教育总长。教育总长认为确有必要时，有权下令该省增设中学校。省立中学校的建立和维持经费从省级财政中支付。各县若依照学校设立法令已建立数量充足的小学，在财力尚有余力时可依《中学校令》的规定，一县单独或数县联合设立中学校，在名称上必须明确为县立中学校以区别于省立中学校。私人或法人也可依《中学校令》的规定设立中学校，必须冠名为私立中学校。无论如何，任何中学校的设立、变更、废止须先经教育总长认可。中学校教员必须从已经由教师资格检定委员会认为合格的人员中选聘②，中学校长和教员的薪俸由省级行政长官依据教育部所订规程的标准酌定。中学校收取学费的额度由校长依据教育部所订规程的标准酌定。若有特殊原因要求免收或减收学费，必先经省级行政长官许可。私立中学校收取学费的额度由学校设立人确定，但必须报告省级行政长官。

---

① 女子中学模仿革命前就存在的男子中学设立。

② 执行这一要求的时限由另一个法令确定，参见《教育法令》第13期，第15款，1912年9月28日。

3. 大学

大学以“教授高深学术,养成硕学闳材,满足国家需要”为宗旨。民国大学的组织与清末大学的不同在于将此前大学设有的八科改为七科,撤销了经科。所设的七科为:文科、理科、法科、商科、医科、农科和工科。预科分为三部:第一部为志愿进入文科、法科、商科者设立;第二部为志愿进入理科、工科、农科、医科药学门者设立;第三部为志愿进入医科医学门者设立。大学院不设年限,与前清的通儒院有五年修业期限不同。

大学有三年预科,各部修习的科目如下:

第一部的科目:外国语、国文、历史、伦理*、论理及心理、法学通论。可加习科目:经济学通论**、数学及物理,视将来志愿进入哪一科来定。

第二部的科目:外国语、国文、数学、物理、化学、地质学、矿物学、图画。可加习科目:动物学、植物学及测量学,视将来志愿进入哪一科来定。

第三部的科目:外国语、国文、拉丁语、数学、物理、化学、动物学、植物学。当选习两种外国语。将来志愿进入农科、工科或医科的人应以德语为主。

---

* 此处英文原文为 Logic,当译为“逻辑”,查 1913 年 1 月教育公布的《大学规程》,应为“伦理”,参见舒新城:《中国近代教育史资料》中册,人民教育出版社 1961 年版,第 665 页。——译者注

** 此处英文原文为 Political Economy,译为“政治经济学”更恰当,但依据《大学规程》,应为“经济学通论”。——译者注

4. 大学各科的分门分类法

大学文科：

1）哲学门：分中国哲学类与西洋哲学类。

2）文学门：分国文学类、梵文学类、英文学类、法文学类、德文学类、俄文学类、意大利文学类、语言学类*。

3）历史学门：分中国史、东洋史学类、西洋史学类。

4）地理学门。

大学理科：

1）数学门；2）星学门；3）理论物理学门；4）实验物理学门；5）化学门；6）动物学门；7）植物学门；8）地质学门；9）矿物学门。

大学法科：

1）法律学门；2）政治学门；3）经济学门。

大学商科：

1）银行学门；2）保险学门；3）外国贸易学门；4）领事学门；5）税关仓库学门；6）交通学门。

大学医科：

1）医学门；2）药学门。

大学农科：

1）农学门；2）农艺化学门；3）林学门；4）兽医学门。

大学工科：

1）土木工学门；2）机械工学门；3）船用机关学门；4）造船学门；

* 此处英文原文为 Philology，通译为“语言学”。——译者注

5)造兵学门;6)电气工学门;7)建筑学门;8)应用化学门;9)火药学门;10)采矿学门;11)冶金学门。

当时政府计划在全国新建三所大学,一所在南京,一所在武昌,一所在广东,同时最先着手改造北京大学,全国共设立四所大学。

5. 专门学校

专门学校的宗旨为“教授高等学术,养成专门人才”。中央、各行省或私人、法人都可设立专门学校。凡中学校的毕业生或有同等学力者都有进入专门学校的资格。专门学校之种类如下:1)法政;2)医学;3)药学;4)农业;5)商业;6)工业;7)美术;8)音乐;9)商船*;10)外国语。

6. 师范学校

师范学校分为男子师范学校、女子师范学校、高等师范学校三种。师范学校以造就小学校教员为目的;高等师范学校以造就中学校、师范学校教员为目的。与中学校相同,师范学校也由省级政府设立,由省级行政长官依据需要,确定设校地点及学校数,并报告教育总长。因特别原因,县可在接到由省级行政长官报经教育总长许可之后设立师范学校,所设学校须冠名为县立师范学校。

---

* 此处英文原文为 Applied Science,译为“工学”更恰当,这里依据 1912 年教育部颁布的《专门学校令》译为“商船”。——译者注

两个以上的县也可联合设立师范学校。私人或法人经省行政长官报告教育总长获得许可后也能设立师范学校，名为私立师范学校。高等师范学校应定为国立，由中央政府设立。教育总长须通盘考虑全国的需要后确定设校地点及设校数量，然后分别设立。

师范学校的经费从省级财政经费中支付，高等师范学校经费以国库资金支付。① 师范学校校长、教员的薪俸标准由省级行政长官依据教育部所定规程的标准确定。② 高等师范学校校长、教员的薪俸另有规程确定。* 所有师范学校、高等师范学校的在读学生一律免交学费，并由所在学校尽可能发给足够在校生活日用的必要费用。然而，除依前项规定外，师范学校可收自愿缴费的自费学生。

师范学校应设一所附属小学校，高等师范学校应设一所附属小学校、一所附属中学校。如果是女子师范学校、女子高等师范学校，除了应设附属小学及附属女子中学校外，还要设附属蒙养园。有条件的师范学校可面向那些有小学教师资格的人附设小学校教员讲习科。女子师范学校除依前项规定外，还可面向那些想做蒙养园教员的人附设保姆讲习科。高等师范学校、女子高等师范学校都可设调查之类的选科、专修科及研究科。

师范学校教员只能从已被教员检定委员会认为合格的人中选择补充。这一规定的实行期有待教育部另行确定宣布。

---

① 执行这一规则的时限还要由教育部确定，参见《教育法令》第14期，第12款，1912年9月28日。

② 参见《教育法令》第14期，第12款，1912年9月28日。

* 此句英文原文无，为完整起见依据本书商务印书馆1916年版添加。——译者注

7. 实业学校

实业学校以"教育农、工、商业必需之知识技能"为目的。实业学校分甲、乙两种。1913年教育部颁布的《实业学校令》规定:"甲种实业学校施完全之普通实业教育,乙种实业学校施简易之普通实业教育",也可依据地方特殊行业的需要传授特殊的技术。实业学校的种类包括农业学校、工业学校、商业学校、实业补习学校等。艺徒学校既可当作乙种工业学校,也可参照工业补习学校办理。女子职业学校可在当地条件许可的情形下参照男子实业学校各项规程办理。

省行政长官应视地方需要分别设立各类甲种实业学校;县及城、镇、乡或农工商会可设立乙种实业学校,但也可在条件符合的地方酌情设立甲种实业学校。省及县设校地点由省行政长官及县行政长官分别确定。实业学校依据经费出自何方确定名称,例如定名为省立实业学校或县立实业学校,以此类推。省立实业学校的设立、变更或废止应呈报教育总长。但各县立实业学校的设立、变更或废止仅需受省级行政长官认可即可,再转报教育总长。实业补习学校的设立、变更或废止则只需呈报省级行政长官。实业学校的学费可依当地情况酌量减免。

新课程

教育部在重建各种学校体系的基础上,随之又颁布各种学校课程标准，与革命前的传统课程标准有几点根本上的不同。我们将对小学、中学、师范学校的课程标准进行简要考察，列举出一些比较重要的变更。

1. 小学课程

初等小学的修业期限仍为四年。要求教学的科目为：修身、国文、算术、手工、图画、唱歌、体操。如果条件确实不具备，迫不得已时可暂缺手工、图画、唱歌三科目中的一科或数科。女子加开缝纫课。这次初等小学校的科目与旧课程的不同之处为：旧课程中的经学、历史、地理与理科从课程表中删除，手工作为必修课被特别注重，与前清将它定为随意（选修）科不同；第一年每星期课时数从24小时减为22小时，第二年每星期课时数从24小时增加到26小时，而第三年与第四年每星期课时数男子自30小时减为28小时，女子则由30小时减到29小时。[①]

高等小学的修业年限从四年减为三年。要求开设的科目为：修身、国文、算术、本国历史、地理、理科、手工、图画、唱歌、体操。男子加开农业课，女子加开缝纫课。视当地需要，农业课可以不开，或改为商业课替代，并可加开英语课。若条件确不具备，手工、唱歌也可暂缺，英语可以别种外国语替代。小学校可开设补习科。若发现儿童因身体原因不能学习小学校的某一科目，可以免除他这门课的学习。为适合当地的条件和需要，报经县级行政长官许可后，小学校开设的科目可以适当增加或减少。这次高等小学新

① 初等小学的完整课表见本书附录表1。

课程删除此前占每星期总教学时数三分之一的经学,是一个引人注目的变化。其次的显著变化则是每星期教学时数的减少,将过去每星期教学36小时减少为第一年30小时,第二年与第三年每星期则为男子30小时,女子32小时。①

2. 男子中学课程

中学校的修业年限由旧制的五年减为四年。自1909年引入的文、实两科改为现在只有一科,这点未免与近代中等教育发展趋势不合,被认为是倒退了一步。因为中学若分文、实二科可提供更多样的课程,更能满足不同学生的需要。中学校新课程开设的科目为:修身、国文、外国语、历史、地理、数学、博物、物理化学、法制经济、图画、手工、乐歌、体操。若将这一科目表与革命前的中学科目相比较就可发现,不同之处在于废除了经学,加入了手工,显示实验实践科目已战胜文学经学科目。每星期上课时数由原来的每周36小时改为第一年33个小时,第二年34个小时,第三年与第四年为35个小时。② 遇有不得已的情况时,男子或女子中学校校长可通盘考虑增加或减少各科各学年的教学时数,在进行变动时,每周教学时数不得少于32小时,至多不得多过36小时。

3. 女子中学课程

在女子中学校,除修习男子中学校所学科目外,再加上家事、

---

① 高等小学完整的课表见本书附录表2。

② 男子中学完整的课表见本书附录表3。

园艺、缝纫等课，尽管园艺课可以不开。英语通常作为标准的外国语课，但在特定情况下可以选择法语、德语或俄语中的一门作为替代。每星期的教学时数为第一年32小时，第二年33小时，第三年与第四年为34小时。每学年每星期教学时数都比男子中学校少1小时。①

4. 男子师范学校课程②

男子师范学校本科的新课程分为第一部和第二部。第一部包括预科一年，本科三年；第二部修业年限为一年。男子师范学校的本科第一部所学的科目为：修身、教育、国文、习字、英语、历史、地理、数学、博物、物理化学、法制经济、图画、手工、农业、乐歌、体操等。* 新师范学校课程与旧制课程所不同的是取消了经学，增加了英语、法制经济、手工、农业与乐歌等科目。此外，将旧制每星期课时数36小时减少了，在第一部中预科减少为32小时，正科第一年为33小时，其余三年都为35小时。本科第二部所学科目为：修身、教育、国文、数学、博物、物理化学、图画、手工、农业、乐歌、体操。课时数为每星期35小时。

---

① 女子中学完整的课表见本书附录表4。

② 男子师范学校完整的课表见本书附录表5和表6。

* 这里的“修身”英文原文用“Ethics”，接近伦理学、道德学的意思，这里依据1912年教育部公布的《师范学校规程》翻译；此外，1916年袁世凯要求在这一课程中加入“读经”一科。——译者注

5. 女子师范学校课程①

女子师范学校与男子师范学校完全相同,正科分第一、二部。第一部预科一年再加正科四年,第二部仅有正科一年的简短课程。第一部所学科目与男子师范学校第一部不同的是没有农业,另有家事、园艺与缝纫。每星期课时数较男子师范稍多,预科为33小时,正科第一年为35小时,第二、三、四年每星期都上课36小时。英语每星期占3小时,但若当地条件不具备,可将英语一科减去。若减去英语课,则每星期课时数就比男子师范少,各个时段的教学时数就变为预科30小时,正科第一年32小时,其余三年都为33小时。女子师范学校本科第二部所学科目与男子师范学校相同,所不同的是以缝纫替代农业,此外就是女子师范学校每星期上课时数由男子的35小时减少为34小时。

6. 高等师范学校课程

高等师范学校分预科、本科、研究科三种。修业年限为预科一年,本科三年,研究科一年或二年。预科所开科目为:伦理学、国文、英语、数学、图画、乐歌、体操。* 本科阶段分为国文部、英语部、史地部、数理部、理化部、博物部六部。本科各部自成一体,各有分习的科目,但各部也有通习的科目,为:伦理学、心理学、教育学、英

① 女子师范学校完整的课表见本书附录表7和表8。

* 依据1913年教育部公布的《高等师范学校规程》,预科课程里还有一门"论理学",英文原文未提。——译者注

语、体操。研究科要求从本科各部所学的科目中选择二或三科深入研究。高等师范学校还可以开设专修科、选科。专修科与选科的修业年限都为二年或三年。预科、本科及他种特殊科的授课表由高等师范学校校长订定,但须呈报教育总长。与其他学校的新课程相似,民国高等师范学校新课程的显著特点也是废除过去必学的重要科目经学科,加上多种从前没有的科目。

7. 小结

从对民国学校新课程的考察显示,事实上变化主要在三大方面,即废除经学科目,引入与社会、工业相关的重要新科目,减轻过于繁重的科目或课时。分开来说,第一个变化是减少了此前用于背诵古文的大量时间,留出时间开设更多注重实验的西学科目;第二个变化是使学校教育工作紧随社会与工业变化的趋势和需要,通过调整学校所开科目,增加手工、图画、家事与农业等科目,使青年一代人有机会训练感官,获得技术,养成能力;最后一个变化趋势不仅表面上减轻了繁重的科目,而且防止过度耗费学生的体力。毫无疑问,以上三种变革合乎现代教育的进步理念,这一发展趋势是应该积极鼓励的正确方向。

公布新规程

民国新教育制度的性质完全是由进入共和最初一两年教育部所公布的各种规程加以确定、证实并渐趋圆满的。各种不同的新规则和规程涵盖了全国学校系统各方面的事项，包括学校制服、学校仪式、学生的转学、学校行政管理、学年、学期与休假、学校学费、学生操行记录、学业成绩考查、教科书等方面。这里将对这些规程中比较重要的部分做一综述，以便形成民国时代新教育制度的完整图像。

1. 学校行政①

学校管理的理念反映了一个国家政府的性质。在专制君主时代，学部所制定的管理学堂与学生生活的各种章程条规精密细微，并专横地要求学校管理者实施。自从共和民国建立后，引入了自由精神与宽松政策。凡属学校章程以及学生生活的详细管理办法，都由校长依据学校类型和本地情形制定。仅要求国立学校所定章程须报告教育总长，地方公、私立各类学校将章程报告地方行政长官而已。教育部所公布的规程仅仅提出对各校都适用的总体原则性要求作为各学校的标准而已。尽管官方尚未制定出学生参与学校行政管理的法令，但为便于任何学生对学校的教学与管理提出建议，作为例外，他们都可通过书面方式或直接向学校行政管理者提出。此外，学生在课余可组织游艺、体育、音乐等有益身心的协会或俱乐部，但必须经校长允许，并由职员监督指导。为了确保学生遵守学校规纪，若有学生因违反校规而被开除，其他学校在未得到该学生确已悔改的保证前不得准许其入校，以显示校规不能轻易违反。

① 参见《教育法令》第3期，1912年。

2. 新学年、新学期及休假[①]

因民国采用阳历，于是学校不得不制作新的校历以免使用过程中的不一致和不协调。经过精心筹划的新学校校历规定，每学年从8月1日开始，到翌年7月31日结束。一学年分为三个学期，8月1日起至12月31日为一学期；1月1日起至3月31日为一学期；4月1日起至7月31日为一学期。暑假期限定为不少于30天，不超过50天。但大学与高级专科学校不受此限，各校依据当地的气候条件自行确定放假的起止日期。新年休假定为7天至14天。春假定为7天，即自4月1日起到4月7日止。在乡村地区的小学校可缩短新年假、暑假、春假的时间，以便在春耕和秋收季节放麦忙假和秋收假。如果确实由于这种原因需在暑假期内上课，仍应减少授课时间。位于极寒地区的各种学校可缩短暑假和春假时间，酌情延长寒假。所有学校在星期日和纪念日[②]均休假1日。

3. 学费[③]

依照教育部公布的学校征收学费规程，初等小学校应免收学费，但在特别情况下，每月许可收3角以下的学费。这里需要说明的是，中国的银元接近墨西哥元的标准，1元的价值大约等于0.5美元。高

① 参见《教育法令》第6期，1912年9月3日。

② 纪念日包括每年的共和国建立纪念日、孔子诞辰、任何地区的纪念日、各校每年的校庆纪念日。出处同上。

③ 《教育法令》第15期，1913年。

等小学校收取学费，每月不得过 1 元；补习科每月至多不得超过 6 角。乙种实业学校收取学费每月不得超过 6 角。中学每月收取学费 1 元至 2 元；甲种实业学校收取学费每月在 8 角至 1 元 5 角之间。高等专门学校每月收取学费在 2 元至 2 元 5 角之间。大学每月收学费 3 元。师范学校和高等师范学校都免除学生任何费用，但在入学时需收 10 元以内的保证金一次，除中途自动退学外，毕业时保证金仍照原数发还。初等小学校、高等小学校以及乙种实业学校所收学费每月收取一次，而中学校、甲种实业学校、高等专门学校以及大学校学费每学期收取一次。学校校长有权对家境贫苦或学业成绩最优秀的学生减收或完全免除学费。若学校遇到特别情况须变通学费征收规程时，应由省行政长官报告理由，经教育总长认可。

4. 学校记录

各学校至少必须备有两种学生考查表。一为学生操行成绩考查表，二为学生学业成绩考查表。学生操行成绩用甲乙丙丁四个等级评定。学生每学年的操行成绩在丙等以上的视为及格。对操行成绩获甲等的学生，校长发奖状给予褒奖。在决定学生升级或毕业时，应同时参考他的操行成绩与学业成绩。凡未及格学生的学业成绩与及格分相差不到十分之一，而操行成绩为甲等或乙等时可以升级或毕业。假如是另一种情况，学业成绩刚刚及格而操行成绩评为丁等的学生则不能升级或毕业*，但遇到这种情况，在

* 这里英文原文所说的情况是“操行成绩刚刚及格，学业成绩属于丁等”，应为笔误，这里参考本书商务印书馆 1916 年版翻译。——译者注

校长做出不得升级或毕业的决定前，须经教员会议讨论。专门学校学生考查操行规程可由校长根据该校及当地情况特别规定。

学生学业成绩分为平时成绩与考试成绩两种。平时成绩由教员根据学生学习认真勤奋程度与学业表现优劣随时判定。考试成绩分为学期考试、学年考试、毕业考试三种。此外，除前三种试验外，还有入学考试、升级考试、招募考试以及转学考试。在评定学生学业成绩时也分甲乙丙丁四等：80 分以上为甲等，70 分以上 80 分以下为乙等，60 分以上 70 分以下为丙，60 分以下为丁等。丙等以上为及格，丁等为不及格。及格的学生就能毕业或升级，不及格的学生就须留级。留级两次仍不及格的学生将令其退学。教育部公布的学生学业成绩规程中又列有如何计算或评定学期、学年以及毕业时学生成绩的详细办法。

5. 审定教科书

经过教育制度变更，在新的条件下编纂与出版印发教科书或教师教学手册全都由私人机构进行。但与革命前相同，所有供各种学校使用的教科书必须呈请教育部审定后方可在学校使用。各省设有教科图书审查会，负责从教育部审定合格的图书目录内选择适宜本省的教科书，通告省内各校采用。不久，就有各省教科图书审查会、组织法及审查规程公布于世，并迅速实施。①

① 更详细的信息参见《教育法令》第 9 期和第 10 期，1912 年。

第七章　当今国民教育的重要问题

中国教育的起源、发展与复兴已在前面各章简略叙述。只是由此引发的一系列与教育关系极为密切的问题虽然被关注到，但未做深入探讨。事实上这类问题很多而且相互间的关系又极为复杂，很难提出一种能解决所有问题的建议。尽管如此，从现已掌握的丰富资料出发，至少应当选择一两个重要问题提出一些解决方式。

教会教育与公共教育体系的关系

包括天主教与耶稣教在内的西方教会在中国所办的教育事业，已成为日益重要的问题。教会教育最初不过是在福音和慈善的激励下，作为传道的辅助工作，以极为简陋的方式起步，到数年间发展到今日的范围与性质，对中国新教育影响巨大。1912 年，仅耶稣教会在中国设立的学校就有初等小学 3708 所，在读学生 86,241 人；高等小学 5537 所，在校学生 31,384 人。[①] 大约有 30 所高等教育机构，其中有 9 所甚至直接命名为大学。天主教会所办学校的统计数据未能见到，然而毫无疑问，它的发展没有耶稣教会

① 《中国传教年鉴》，1912 年。

快，所设学校总数不会多于耶稣教会。天主教专门建祈祷学校，供信奉天主教的儿童接受教育；专门设立缙绅信徒学校，训练掌握答问教学法的牧师和有较高水平的耶稣教徒；开设讨论会，培训中国宣教者与女尼。一些教会逐渐培养出杰出的教友，他们开办高等学校实现意愿。这些高等学校几乎全部受主教会监督。近两年在上海创办的震旦学院与徐汇公学两所高等院校都为天主教会所设。① 虽然对于全国天主教会与耶稣教会所办教育事业的总体数量没有详尽准确的统计，但据粗略估计，在这些学校的学生在十万人以上。②

民众对于现代学问有强烈的渴求，而政府事实上也在认真依据国民的教育需求进行教育建设，从而开始对教会教育的发展产生多方面的影响。至少可以这样说，各教会与其本国董事会相信，教会需要重新考虑自己教育政策，从而为其教育事业奠定更坚实的根基，于是数年间纷纷组织各种教育考察团、委员会等。在近几年举行的多数重要宗教会议上，教会教育问题屡次作为讨论议题受到特别关注。教会教育的宗旨被更为清晰地确定，它的成绩、缺点和导致失败的缘由都被指出，而适应新需求的改良建议尤为亟需并受欢迎。③ 基督教各宗派合作从事教育工作的重要性，统一并标准化各级学校办学标准的必要性，免除不必要的冲突、竞争，渴

① *The Chinese Recorder*，1913，pp. 624— 625.（*The Chinese Recorder* 全名为 *The Chinese Recorder and Missionary Journal*，为西方传教士在中国出版的英文刊物，自1867年出版至1941年，几乎无间断地记录50多年间各教会传教的重要事件。——译者注）

② *The International Review of Missions*：October，1912，p. 587.

③ Cf. Report on Christian Education，*American-Canadian Commission*；*Christian Education*：*World Missionary Conference*，Vol. III.

求优良教员与主持教育的管理者,这些成为当务之急。一些措施被采纳,以落实这些及时且重要的建议。

接着便产生了如下问题:中国政府对于教会教育应持什么态度?哪里需要加强,哪里需要改善?在清朝时,毕业于教会学校的学生是没有享受学位与政府官衔的权利的,甚至学校也无注册的先例。当各省选举咨议局代表时,规定官立学堂的毕业生有选举与被选权,教会学校的毕业生则没有。这种差别对待并非有些人认为的那样有意排外或排斥教会,不过是当时政府想保持新教育的国民性而已。共和政府的建立使得整个状况发生了变化,虽然新政府对于教会教育与政府教育体系间的关系尚无确定积极的政策,然而据闻,教育部已于 1912 年派特别委员到日本考察研究该国对待教会学校所采取的方式,表明不是对此漠不关心。

教会教育向我们提出的问题似乎涉及至少三个方面:第一,政府应采取何种承认与管理制度;第二,教会对政府所采取制度是否欢迎;最后,采取这种制度本身对政府有何益处。在采取何种承认与管理制度方面,日本与印度的相关制度可供参考。日本教会学校与政府的关系有三种①:第一种方式是政府只承认教会的一部分教育事业。对这些学校实际上既无规程的要求,也不进行视学,自然也就不干涉其进行宗教的宣教。第二种方式是承认教会学校从事政府规定的教育体系中一种教育,这种承认意味着给予一定的特权并强行设置一定的条件,但予以宗教上的自由。主要的特权是进入这些学校的学生可以延迟服兵役的年限,准许升入政府设立的高等学校,可以与政府所办的中学之间实现相互转入转出的

① *The Chinese Recorder*: September, 1912, pp. 525—528.

转学，毕业后服一年义务兵役。对承认这类学校强行设置的主要条件是：学校课程的主体部分须以政府办的中学校课程为标准；除去考试与休假，每年须授课220天；学校的各种表册及试卷须保存以待视学进行查验；每年须写报告书；教员中须有一定比例的教师获得政府颁发的教师资格证；校舍与场地须符合政府规定的学校章程；学校的各种事务须随时接受政府视学的指导。第三种承认的方式是教会学校与政府的教育制度完全融为一体，遵从政府的所有要求，享受政府设立学校所享受的各种权利。第三种方式相对于第二种方式的优点在于，公众对这种学校比较信任，能获得更大的权利。因为这种学校纯然是一所政府学校，学校中既禁止宗教课教学，也无宗教仪式。然而，对于宗教教学的禁止各地宽严不一，似乎视各地情形和官员态度而异。多数学校许可在课余或校外设立志愿宗教班。

在印度①，教育制度法规中包含政府必须承认并资助私立学校一条。教会学校即包括在私立学校之中，如果它在传播世俗知识方面是有效的，教授合法，就可像其他私立学校那样得到政府承认并获得资助，政府并不过问学校内是否安排宗教宣讲。关于如何资助，1854年印度教育公报载明，政府给予学校资助的多少与资助时间的长短完全依据视学定期提交的报告。根据他们的规定，视学来校视察时，对于学校有无宗教宣讲从不过问，这就意味着教会学校可开设宗教课。视学唯一的责任是严格稽查学校所传授的世俗知识是否符合所享用的政府扶助金总数。

目前中国以要求教会学校实施一定教育标准的方式承认其合

① *The International Review of Missions*: July, 1912, pp. 394—411.

法性，但不干预学校是否实施宗教宣教。一些教会认为，这样的政策是极为公平公正的，几乎全体教会都赞成。的确，有几种教派的教会甚至对日本承认教会学校的第三种制度也充满期待与认可。因为有了这种方式的承认，上流社会的子弟大多愿意来教会学校，而如果他们入学是出于本心的自愿，他们就乐于接受宗教教育，悟道必定深切。虽然这种传教方式直接效果并不明显，也不具强制力，不会像温室栽培的花那样，但其培养的是真诚与健康。日本实行第三种认可制度的经验也表明，这种制度并不干涉宗教的影响，只是不能在教室从事宗教教学，学校仍可通过随时演讲等渠道轻而易举地进行宗教感化。进一步说来，与受到严格限制所造成的干扰相比较，以这种方式获得承认所带来的增强效果、提高公众信任、扩大实施耶稣教教育机会等各种利益远远要重大得多。①

日本与印度的经验与中国的教育现状都表明，确定一种承认与管理教会教育的制度更为有利。采取这一措施对中国有利的不只一个方面，它可以使政府像管理其他私立学校那样，对教会教育依法实施管理与监督。通过这种管理，政府可以利用教会所办的学校和大学，弥补因经费不足导致国内教育资源不足的问题。同时，它也给政府一个观察教会学校如何教育的机会，从中了解的不只是一种教育，而是通过何种方式的教育才能将学生培养成为一个完全彻底的中国国民，对祖国充满感情；而不是教育成完全不知国情、昧于自己生活与工作环境的人。②

---

① Christain Education, *World Missionary Conference*, Vol. III.

② 一些传教士和中国人宣称，教会学校倾向于对学生进行去中国化的教育。根据李提摩太牧师的说法：中学已经变得如此西化，以致学生从思想到习惯上都几乎变成一个外国人，大量人与他们本国人在思想与性格上格格不入。Christian Education, *World Missionary Conference*, Vol. III. *The Chinese Recorder*, January, 1910, pp. 51—52.

教育与道德的养成

如何使学校成为养成年轻一代新共和国民道德的机构，是中国当今教育问题中最为重要的问题。在旧的教育制度中，经学构成了学校课程的中心。由于经学是人类高尚思想与言论的宝库，它以个人、家庭与群体责任为主题，受到经学陶镕训练的人能养成一种高尚的道德及优美稳定的品质。中国人正是接受了这种训练才保持住这种优良和稳定的道德，从而使得中国文明维系长时期强盛不坠。旧的教育制度既被废止，新的学科引入学校课程，旧经学与旧道德的教学虽然没被完全抛弃，其影响已大不如前则毫无疑义。那些没有丢掉旧道德观且同时认识到当前道德危机的人已经提出如下问题："将来的道德会如何？"是否可能存在一种道德观，既能在现代条件下保持旧道德所固有的内容，又与现代知识的需要和谐一致，还能与西方文明的道德基础融会而深化扩大？一些比较保守的思考者已经如此警觉，以致他们宣称要以复古为志，恢复经学在小学校课程中至高无上的地位。幸好有识之士明白，已经废除的旧秩序不可能再恢复。但若善于利用，新教育制度将足以产生富有成效的道德影响力。

即便在过渡时代，也显示出道德教育已被放在学校课程中的突出位置。一系列道德教科书已被编撰，并被普遍采用。其不仅对旧的道德教学法做了大量改良以帮助年幼的学生记诵经典，而且以孔子所乐称的"君子"观念作为理想的人格目标，以各种摹绘图示与寓言譬喻的形式，适合不同年级和程度学生的需要，使他们了悟于心。虽然在选辑材料或编排上不无可商榷之处,但这种教科书总体上值得嘉许并与它所要实现的目的相适。

共和建立,新纪元露出了曙光,在新的学制系统中,德育的重要性重新得到强调,国人几乎无人不知道德重要。我们已经注意到这样的事实,依据教育部颁布的各种法令,教育的主要宗旨就是发展学生的道德,道德教育仍然在学校课程中占有突出位置。袁世凯在他的就职演讲中反复强调的一点就是"道德"。他所理解的道德包括"忠信笃敬"。* 这种由中国统治者通过设定道德的特性所重新确定的道德观成为教育的唯一终极目标,再以道德为特种教学科目,确实是万幸,必将有利于中国人实现幸福。

但必须看到,养成道德品质仅靠学校开设道德课是远远不够的。其他各种科目的学习过程也可有效地发挥道德教育所特别注重的深化和提升道德情感的作用,使道德观趋向正确。中国的文学作品中有小说、传奇、传记与诗赋,如果不仅将其用于提高智慧,且用于激发情感,导引学生对理想行为与志气的认同,就会对培养学生的道德生活具有极高的价值。同样,历史将古人的理想功业跃然于纸上,提供了欣赏前人功绩和高尚人格的丰富机会,读史入心便能铸成高贵品格。通过这种方式,历史教师与国文教师一样,可以向学生灌输心目中的历史模范人物,从而让他们受到有价值的影响,确立正确的思想和行为准则。能发挥道德影响的远不止历史和文学,如果我们能将道德观念渗透到学校生活之中,则学校开设的每一门课程都可以在学生品德形成的过程中发

---

* 这段表述在本书商务印书馆 1916 年版中被删去。袁世凯就职演说中此处的原文如下:"道德范围广大,圣贤千万语而不能尽其词。余所能领会者,约言之,则忠信笃敬而已。"并作了 600 余字的阐释。——译者注

挥影响。

的确，仅仅教导学生什么是正确的行为准则，不足以养成儿童的品行；然而这种教育无疑又是有帮助的。因为道德教训本身是抽象而非具体的，若离开真正的生活仅仅注入学生的脑中必然无价值可言。如果中国教育要完成预期任务，品德养成的重要性就应得到进一步强调，并且必须使用其他更为有效的方法。影响学生品性的重要潜在因素之一是教师的人格品质。经验表明，学生的品质在很大程度上是由聪明、豁达、正义的教师在日常生活中的行为示范和精神激励而潜移默化生成的，是一种在学生面前展示理想自我并默示其实现路径的无意识过程。教师亲身示范的效果比只讲教条更为真切。另一个启迪学生天性与情感动力的因素是，明智的教师必须不断发现学生行为中的积极表现和所形成的良好习惯，这些将会成为儿童品质中永久的构成部分。事实表明，直接的道德宣讲、英雄行为故事、震撼心灵的寓言虽然能引发人的感情，若不能在儿童早期生活中养成正义、英雄行为、同情等良好本性，对学生品质养成的收效就不会太大。所以，只有那些与具体行为表现建立联系的理想与情感，才能成为儿童能力与习惯的一部分。所以我们对于道德教育，要学会行，而不仅会知，并且要知行合一。今日中国的教育界领导无疑认识到以上所述两个因素的重要，所以在学校设置了各种表现天性与感情的机会，已经在做的如通过奖励体育运动以及各种游艺会等养成社交能力便十分有意义。这个方向是正确的，但在这些活动中应当稍作改变，尤当明确并三令五申的是，这些活动对于养成好习惯与品行的重要作用，并在实践中做到。

校纪与行政

中国新教育制度中或许没有哪个方面像学校纪律与行政管理那样遭到最多的反对和批评。实行新教育制度几年来,学生表现出了精神独立,也未免有不守规矩的现象。各种学校暴动冲突时有所闻。产生这种不受约束的不健康趋势是由于一部分学生颠倒了自由与平等的概念,有时则是由于有些学生的性情怪僻而成为致乱分子。这类学生通常是年龄较长、智力与见识较成熟的人。这些人在进入学校时就已经有了或多或少的成见,且自视甚高,怀恨他们认为或是侵害其自由、或是降低其尊严的任何事物。事实上,中国学生作为一个阶层在精神上有着比较强烈的民族主义,对于国家遇到的一些问题富于责任感。有时在爱国心的驱动下,一遇政治危机便聚众开会,讨论补救方法。有时候他们发电给政府,询问如何解决国家的某种问题,甚而逾越范围抗议政府。这种行为自然不为学校行政管理者所鼓励,并遭遏制。双方不少摩擦便由此而生,扰乱接踵而至。

造成这种状况,一部分归咎于缺乏纪律,但在大多数情况下,责任并不像想象的那样在学生一方,而是由于学校行政管理者缺乏治事的才能去应对这种情境,只会使用权术,缺乏管理能力,或由于个人或其他原因不愿使用有效的方式方法去维持学校的秩序。

在不少酿成学校骚扰的情况中,其原因之一就是教师团体自身。不少担任教务的人员来自旧制学校,在与学生交往和处理问题时不会同情理解学生。他们在精神上依然保持着强压与傲慢,对学生滥用权力、残暴驾驭。另一方面，也有一些教师对建立和维护学校的纪律过于放松，或放弃自己的责任，或是冷漠对待校规。一言以蔽之，多数教员在思想和精神上的素养都不适合于担当教育的责任。

然而，今日学校的纪律问题并非比过去更为严重。暂时的扰乱似乎较多是由于新旧教育的性质和特征正处在转换期间，各方面都要做必要的调整才能就绪。新的师生关系已形成，判断正确与错误的新标准也已经确立。的确，最近几年情况发生了很大的好转，在校学生的态度远胜于五年前。不仅学校纪律的总体状况大为改观，而且对自由与平等的误解也似乎骤然消灭。学生现在也很少就政治问题致电政府。他们似乎已认识到学生就是学生，求学才是学生所应做的事，在学生未成为羽翼丰满的公民之前，对于国家政治还不到发声的时候。学校日臻完善总体上有两个原因：首先，授予学校更大的管理权限。第二，有更多高素质的教师和管理官员投身教育。他们不仅多年从事教育专门研究，而且对生活有着真诚、高尚的理念。我们有充足的理由相信，学生纪律难题迟早会得到解决。

同时，为了根治痼疾，必须对学校采取一些根本性的措施。对校长的选任应该更加审慎，唯有那些有行政才能与美好道德的人才能担任校长的责任。应赋予这些校长统辖一切校务的权力，以免相互掣肘。必须培养出更有素养的教师并充分发挥其作用。此外，要大力提倡学生自治，在能够培养学生自治美德与遵守秩序习惯的各种活动中，都应当由学生自行组织。除了以上所说，最应当注意的是要在更大范围和程度上形成合作，不只是校长与教职员之间要联络合作，学生与教职员之间的情谊也不可疏远。一些形式的自治团体将会为学生提供参与学校各种秩序管理的机会，这种方式应当广泛引入。但这样做需经试行逐渐推进，不可采取骤然改变的方式。富于自治精神的美国人的经验表明，通过倡导学生自治制度，以治理学校纪律松弛、管理轻率问题，其结果通常失败居多。① 如果过于突然地解除外部的严厉管理与约束，学校未能做好自治的充分准备，必然由于一时变化太大而易于导致一场学校各项工作倒退的大灾难。这就说明为什么从完全由教师严厉管理转向学生自治的转变需要逐渐进行，并要指导得当，才能克服放纵和无政府的倾向。引入学生自治制度成功与否，在很大程度上还要看学校行政管理当局与学生两个方面就学生自治问题在各自作用的认识上能否清晰一致。教职员应认识到自己控制管理权的界限，而学生又愿意尊重并遵守学校教师与行政管理者的合法权力，两方面相互礼让，学生自治才能顺利进行。

新教育制度中的财政问题

新教育制度中的极端难题就是财政。在旧教育制度中，教育经费不过是为维持科举考试与一两所大城市中的书院所需而已。现代教育制度建立后，对教育经费的需求骤然大增，与旧制度规定的比例悬殊巨大。为了实施新教育政策，就必须建设校舍、筹备教具与教科书、聘用足够的教师以及做其他相关工作，这一切都需要经费。在旧教育制度下，政府只需为极少数人提供教育，而现今的计划则将教育推广到所有人。这一教育政策的改变所引发的沉重

① Dutton and Snedden, *Administration of Public Education in the United States*, p. 514.

的教育财政支出几乎成为当局不可克服的困难。

关心教育行政工作的人对于政府建立新教育制度的路径与方法充满兴趣。简而言之，这一政策的维持经费归入中央与各省级财政的预算。教育经费的来源是多样不一的。依据1910年的学部统计报告，教育经费的入款分为以下各类：(1)公产收入；(2)储蓄利息；(3)政府拨款；(4)公共基金；(5)膳宿费与学费；(6)强迫捐款；(7)自愿捐款；(8)其他各种收入。① 列举以上各种教育经费来源会引发一些人的兴趣，有时甚至是同情。譬如书院改为学堂，此前捐献给宗教仪式、迎神赛会、宗族祠堂敬祖的钱，现在都常常变为办学校的经费。佛教寺院和道教道观现改为学校，寺庙地产和收入款充作教育经费。政府对私人办学的认可激励了私人慷慨解囊兴学。私人将大量资产捐给学校，未经政府请求也不希望回报，这样的事比比皆是。人民对教育的热诚表现为勇于付出的巨大牺牲，甚至是殉难。这些为了教育事业英勇献身和自我牺牲的例子，若经收集将会成为多卷本的动人读物，足以反映中国人为理想而献身的精神境界。一些省为了筹集教育经费增加了地方税，不过总体而言这样做的省还是很少。只有河南一省采用这种方法，使教育经费有相当的盈余。② 自从建立共和以后，增加地方税用于教育的做法变得越来越普遍，但至今尚未形成系统的征税制度。

解决国家财政对新教育制度支持不力的问题，有赖于解决更大层面的国家赋税制度问题。因此要解决教育财政问题就远远不仅是统计的问题，而必须了解中国的赋税状况。在清朝，财政常常

---

① Paul S. Reisch, *Intellectual and Political Currents in the Far East*, 1911, pp. 206—208.

② 《教育部统计报告》，1910年。

被无良官吏掌控,商业时常遭遇财政上资不抵债的恶潮洗劫,从而使不少大、中、小学堂因财政基础连带动摇而出现倒闭的恐慌。后来的屡次革命也对中国财政造成了巨大的影响,数年之后,政府的税收与支出才稳健步入平衡。单以第一次辛亥革命造成的经济损失来说,除了国内数月无赋税进款之外,在正常开支之外政府增加的公共开支与私人所受到的损失合计约为2亿3000万两。① 这就使得近几年来中国国库出现赤字、既欠内债又借外债的现象。财政困境因财政体制本身的失序、地方税与中央税制度无法明确区分、中央财政与地方财政之间的冲突不断等客观事实而进一步加剧。地方官吏经常不能及时将税收上缴省级政府,各省政府向中央上缴税款时也经常想尽办法少交或迟交,这都造成了财政困难。幸好,中央与各省正立足于在更坚固的基础上重建财政制度。②

然而,教育的财政问题依然尚未解决。在这种环境中,政府可立即采取的办法有两种:第一是避免所有不必要的开支。这意味着教育经费不能有半点滥用,尸位素餐的职员数量必须减少,最好全部免除。学校里的贵重仪器设备必须等到教员、学生有使用能力时才购买,不允许添置不急用的校具,不允许对校舍进行奢侈的装修与建设。第二是奖励私人办学校。这就意味要用奖励政策或其他措施改良私立学校,并进一步努力寻求西方人在中国办理私立学校的备案办法,使这类学校一方面获得政府的承认,同时将其工作置于政府的管理之下。通过这些措施或能弥补财政缺乏造成的资金缺口,以待中国赋税制度的改良,自然资源开发。然而,没

① 《中国年鉴》,1913年,第305页。

② 《民国西报》(*Republican Advocate*),第2卷第16期,第635页;也见第1卷第27期,第1145页。

有必要对看似绝望的中国财政状况持悲观态度。因为中国的自然资源决非在西方富国之下,只是有待发展,他日富强不难。袁世凯在他的就职演说中将中国现状比喻为一个富人将他的财富藏于地窖,又天天抱怨自己贫穷。造成中国这一状况的原因是工业没有发展起来。工业之所以不发展的原因又有两个,即教育的幼稚与资本的匮乏。* 若能发展现代教育与科学,同时不断利用外资,可以期待,中国的财政状况在数十年内将大为改观。

普及教育

在旧教育制度下,"人人当受教育"的理念都很难进入到中国统治者的脑中,而这却是西方教育家和政治家共同的教育理念。然而,随着新教育制度的建立,普及教育的问题瞬时凸现出来,成为新教育政策的工作目标。因此,现有民众仅有一部分人受其利,还只是部分的成功,离期望还很遥远。1909 年,直隶省每 200 人中只有 1 人就学,或者说学龄儿童进入公立学校就学的只有 1/14。而四川省每 275 人中只有 1 人就学,或者说学龄儿童就学的只有 1/15。之后又取得了一些进步。广东省 1912 年度的教育报告称:该省这一年 6 岁到 9 岁男孩有 50% 进入学校,女孩有 13% 进入学校。从这几个教育比较发达省的统计可知中国普及教育的概貌。

* 袁世凯就职演说中的这段原文为:"吾国天时地利,不让诸强,徒以垦牧不讲,工艺不良,矿产林渔,弃货于地,无凭贸易,出口日减,譬诸富人藏窖,而日日忧贫。余愿全国人民,注意实业,以期利用厚生,根本自固。虽然,实业之不发达,厥有二因:一在教育之幼稚;一在资本之缺少。"——译者注

中国数百万民众的教育普及是一件困难重重的事。首先的难题是文字，由于没有字母、文字构造复杂，学习阅读是比大多数国家都难的任务。再加上书写语言不是口头语言，全国各地的口语和方言又不相同，进一步加大了难度。由于中国受语言表达工具的拖累，一个人完成教育所需要的时间比其他国家延长三五年。近些年来也有人倡议解除这些困难方式，以下为各种最有意义的试行办法：(1)远离机械记诵法，以逐字解义的推理教学过程替代；(2)印发口语化的通俗教科书、报纸，专门采用普通人的日常会话和易懂的内容；(3)创造简化字及其使用法；(4)在学校课程中加入中国各种语言中最通行的官话教学；(5)使用阅读材料，改良国文教科书；(6)引入类似罗马字的表音文字。上述工作中的一部分已经在做并取得不同程度的成功，另一些依然在讨论中。然而除文字外，普及教育的第二道难关就是数量充足的教师训练以及保障这种训练所需要的资金。据估算，中国要使教育得到普及需要100万所学校，而非现有的5万余所学校，这个数字是现有学校数的大约20倍，换言之，即需要增加95万所学校。这些学校至少需要职员150万人，教师200万人，这些都应当列入教师培养和财政供给的事先预备。

自从建立共和以后，普及教育问题便日益紧迫，萦绕于中国政治家、教育家的脑中。教育部正采取初步的措施，拟实行带有惩罚性的强迫教育令，要求7岁至14岁儿童都必须入学。当前极力注重初等教育，并对高等教育进行了一些调整与合并，以便节省更多钱投入建设更多初、高等小学，从而加紧发展普及教育。常有人说，中国在引进现代教育之初就犯了从顶端开始向下建设、放任发展大中高等学堂的错误，忽视了初等教育的重要性。假如教育部真的循此旨意实行强迫教育令，就能一改此前错误，初等小学也就得到其应有的注重。

教员的培养

难以找到数量充足、能力合格的教师，是中国推进现代教育的最大障碍。新教育发轫之初，政府、人民选定或创造了现代教育的物质形式，诸如校舍、器具、地图之类等，力求丰富完备；然而教育当局惟独无法聘请到数量充足、经过良好培训的教员。出现这一状况并非是政府没有考虑到这方面的问题，像刚刚引进现代教育那样轻举妄动，而是在事实上设立学校很容易，但培养教员很难。教员不能在短时间培养起来，而学校的校舍可以很快就盖好。教员的养成需要经过生长、发育以至成熟，需要很长时间。不同于制造产品，况且学校越多、学生越多的后果是教员越缺乏。西方哲人有言道：枪已制好就位，缺的就是枪手。自现代学制建立，学校数骤然增加，使得如何保障合格教员的供给以满足不断增长的需求成为越来越难以解决的难题。

事实上，中国是在没有充足教员的情况下对全球1/4人口进行教育工作的。假如没有如此严重的教员短缺问题，中国新教育的发展或许比期待的还要快；假如中国新教育能够招募旧式学校中的教员，则学校增加虽多问题也不会如此之难。不能这样做的原因在于，中国旧学校教员的素养不符合新学校的需要。尽管有大量旧学校中的教职员赋闲，也不能在新学校中找到出路。许多中国科举时代的旧学人缺乏新学校教育所需的知识和技能。在旧的教育制度下，没有教员资格的检定，大量儒士只需在科举考试中获得第一个功名，便都可以设馆授学，成为那些在科举考试中失败者的教员,终身衣食无忧。这些教员除了遵循私塾早已形成的遗规和习惯,无须检定书,没有强制要求的教科书和课程表。这些人或被聘到学生家中开课授徒,或在自己家中授课。这种私塾的学生总数很少超过 20 人,教学方法注重记忆而非发展理解能力。而在新教育制度下,教员地位与所面对的情境则大不相同。他必须掌握的不仅是经学和做文章,须教一个班的学生而不是一个人。而且,新学校中教员须注重发展学生的推理能力而不仅是记忆力。旧式私塾先生不容易适应新学校的秩序,他们已经养成了保守的特性,不肯轻易放弃已经习惯了的旧式教学法。尽管如此固执,但在试图使用新学问、新教授法时,他们也不得不承认其灵便而显得自己笨拙。由于担心出错,一旦进到新学校依然紧紧抱着教科书,谨守其范围,少有变化。他们仍然有意无意地过于偏重记忆力,自己不试图思考,也不喜欢适应学生的快速思考。在他们看来,现代教育学是一种如此新的科学,以致他们或者根本就无法欣赏、或能欣赏到却不能熟练和有效地运用其价值。

在这种情况下,政府和民间应当尽快通过各种方式寻找合格的教员以满足急需。最有可能的来源就是教会学校的毕业生,此前已提到,他们是中国现代教育的先导者。当新教育大规模进入中国时,由教会管理、教授新教育的大中学校中就有不少学生毕业,他们或多或少比较适宜担任新式学校的教员。然而,可以想见,中国公私立学校都想聘请教会学校毕业生当教员,需求很大,教会的大中学校学生远不能满足需求,况且这种需求不只是通常的大,还会不断增长,并且很紧急,自然是供少于求。

新学校教员第二个来源是声誉卓著的学士。他们中的不少人意识到社会形势已经发生变化,如果自己不改志趣就难以生存,于是他们急切地阅读书籍，间接学习新知识以求与时俱进。但这种方法欲速则不达，至多能获得一些残缺不全的表面信息。其中大多数以为新教育可通过走捷径而获得，各科专门知识是不必要掌握基本原理就能学到。这类人我们可以称之为业余教育家，他们从事教育是由于在不同环境下、因不同动机而被吸引。有些人进入到这一行纯粹出于慈善或爱国的情感，而另一些人或仅仅从经济收入考虑。然而，总体而言，这些业余的教育爱好者比旧式学校教员要好得多，因为他们思想更进步，奉职更热诚；但显而易见，将孩子托付给这些事实上以自己过去的生活经历为标准的人手里还是危险的。

当新教育制度之幕刚刚开启时，聘请外国教员是必要的，特别是从中学至大学的高等程度学校。这些学校聘请的外国教员数量从来不多，部分是由于当时开办的高等程度学校数本来就不多，另一部分也是因为所需费用太高。根据 1911 年的调查，包含京师及各省大中学校在内，共聘用外国教员 545 人①，其中 21 人在京师大学堂和北京法律学堂当教员。他们中 5 人担任法律教授，8 人任教于理科和工科，3 人任教于农科，1 人任教于商科，4 人在京师大学堂预科任教。清华学校有 18 名美国教员，其中 9 人为女教员。②曾有一段时间，外国教员中的日本教员较多，部分原因是由于他们熟悉中国的文字，还有一部分原因是经济上考虑，因为付给他们的薪金较少，所需的路费也较少。但这种情形已不复存在了。

外国教员的资格曾经各不相同。他们当中有些寄居中国较久，有丰富的教育工作经验，有些是有志于帮助中国发展新教育。

① 《中国年鉴》，1913 年，第 392 页。

② 《清华周报》，第 1 期。

相反，也有一部分人并不喜欢从事教学，又对基本的教育原理完全无知，这些人受聘走进学校当教员纯属偶然或疏忽。新教育最初几年里，延请外国教员事宜完全归各个学校自行办理，没有统一规程与政策。通常这些外国教员单凭与学校利益相关的个人或机关介绍，来去无常，往往随学校主持者更换而被解聘或新聘。由于当时学生的水平不高，所以外国教员也很少进行专门科目的教学。其结果是，那些合格的专科外国教员要花费大量时间于外国语或基础科目的教学，不能发挥专长。这种状况至 1908 年才得以改变。这年，学部奏准《聘请外国教员章程》*，依据任何在中国新式学校任教的外国教员在未经教育部承认前不得被学校聘用的原则，制定了一系列规则。如果所聘为军工学校教员，则除须经学部承认之外还须经陆军部同意。

留学回国的学生是教员的第四种来源。通过这种渠道招聘的教员数量还很少，尤其是从欧美留学回来的学生数量更少。出现这一状况的主要原因是报酬丰厚的政界或实业界急需外国留学生，这些留学生多投身于此以获丰厚薪酬。即便那些在学校里找到教职的人，也不过将其作为升迁的阶梯，而不是乐于做教员。事实上数年前原本派出国专门学习教育专业的学生回国后仍转行到政府担任其他部门的职务，将数年专门学习的教育专业弃若敝屣。为矫治此弊病，学部在 1908 年通过一项法令，要求凡学部派往外国学习教育的学生回国之后至少要在学校任教满五年，在履行义务期限内各部各省不得将他调用到其他岗位。严格实行

* 查找清朝所发教育文献并未找到这份《聘请外国教员章程》，但在清政府 1904 年 1 月颁布的《奏定任用教员章程》中已明确规定可聘用外国教员。——译者注

此类法令，辅之以增加薪酬，保证有较长时间任职的岗位以免其举棋不定，才能使从中央到各省的教员、教育行政官员、视学与教育董事等岗位招揽到在国内外高校受过完整的专业培训、学识经验兼优的高素质人才，并能长期留住这些人才。

师范学校与师范养成所的毕业生是教员的最大来源。新法令与旧法令一样，都要求师范学校的毕业生在完成学习后要任教一定年限。具体任教年限长短根据在师范学校所受教育的时间确定。任何师范学校的毕业生若违抗这一规定，则要赔付教育费的全部或一部分作为惩罚。①

已培养教员的数量远远不能满足各种学校对教师的需要。前清学部曾称：若想了解每年教员的缺额，就必须参考每年的人口统计数据，而这种统计数据无法得到。结果是教育行政官员无法估计每年学龄儿童的大约数量，也就无法做出培养多少教员的计划。1911 年，学部通知，各省师范学生增加的数量应当以小学增加的数量作为参考标准，这才是确保培养足够数量师范生的第一步。自从各省设立师范学校后，已有大量学生毕业，其中数量最多的是速成与专修科学生，比正科学生多。有些人不顾事实地认为现在的师范毕业生似乎过多，只需了解一下下面的统计数据，就可知受过专业训练的教员数量还远远不够。

据 1910 年调查，除教会学校及未经政府承认的私立学校外，共有 415 处师范学校与师范养成所，注册入学学生共 28，572 人。下表是师范学校与学生数的地理分布情况，包括各种学校数的分布和学生数的分布，分别以省和学校种类进行统计。

① 关于服务年限长短以及教育费赔偿的具体信息，参见《教育法令》第 34 期。

以省为分类的统计表

省份	学校数(所)	学生数(人)	省份	学校数(所)	学生数(人)
直隶	28	2040	江西	17	887
奉天	33	1894	湖北	17	1702
吉林	7	470	湖南	16	1961
黑龙江	4	236	四川	38	2173
山东	16	1283	广东	9	1003
山西	17	812	广西	13	1467
陕西	10	580	云南	18	1140
河南	62	3818	贵州	9	726
江宁	19	2000	福建	8	641
江苏	5	493	甘肃	36	791
安徽	19	1093	新疆	1	143
浙江	13	1219			
			总计	415	28,572

以学校种类为分类的统计表

学校类别	学校数(所)	学生数(人)
优级师范		
正科	8	1504
选科	14	3154
专修科	8	691
初级师范		
正科	91	8358
简易科	112	7195
教员讲习所	182	7670
总计	415	28,572

自1903年至1910年*间，师范学校与教员讲习所每年在校生数如下：

年份	优级师范学校	初级师范学校	教员讲习所
1903	…	80	
1904	…	1500	90
1905	974	2234	2113
1906	1069	5031	2088
1907	2389	18,253	10,041
1908	3890	27,474	13,583
1909	5817	19,383	12,819
1910	5349	15,553	7670

由上表可以看出，初级师范与教员讲习所学生数在1908年达到最高峰，此后则逐年递减。而优级师范生最高峰值在一年后，而且递减的程度没有其他类师范生那样显著。出现上述现象的原因有二：第一，不少学校仅凭一时心血来潮建立，未充分筹备持久的常年经费，结果不少学校设立不久就无以为继。那些能够幸存下来的学校都是不为经济所困的。第二，最近几年已有不少师范生毕业，尤其是从选科、简易科毕业的更多，已足够设立小学堂所需教职员的人数，因此这类学校的教员需求没有前些年急迫。而且

* 商务印书馆1916年版此处为“1910年7月”，且“教员讲习所”与“师范讲习所”两词混用，此处据1912年9月教育部公布《师范教育令》一律使用“教员讲习所”。——译者注

多数学生希望自己毕业于正科,不屑于进中国教育早期比较普遍的选科和简易科。结果学部发布通令:自1910年起,各省此后不准招考优级师范选科与初级师范简易科两种学生,据称是由于当时已有足够的人员担任小学堂教员。然而,由于优级师范学校的选科、特科已经持续了一至两年,故而许可其开设类似的课程培训乡村教员。

由于中国新式学校需要从接受不同训练的人中招收教员,所以制定一种限制不合格者成为教员的法令就刻不容缓。1909年,学部制定小学校教员检定章程,次年又制定并公布初级师范学堂、中学堂教员的检定章程。根据这些法令,以上两种检定教员的职权在京城属于京师督学局,在各省归各省的提学使,在离省城较远的州县,小学教师的资格检定可由提学使委派专员代行其职权。章程中特别规定,委派专员应是学养深厚、声望卓著、熟悉教育原理与教学方法的教育官员。对小学教员进行检定时,主考人必须是专门科目的教员,是在优级师范正科毕业生或有高等程度学堂的毕业生。检定初级师范与中学堂教员的主考人必须是在优级师范学校及高等实业学堂受过良好教育并有名望的教员,或是国内外大学堂毕业并且有教育经验的人。

共和制度建立后,检定教员的新规程已编制完毕,只是尚未实行。根据新规程,所有小学教员都必须持有教师资格检定证书才能任教。获得教员资格检定证书的人必须是师范学校或教育部立案的其他学校的毕业生,或者须经各省教育检定委员会承认的人员。教师资格检定委员会是官方认可、负责教师筛选和认定的组织。新规程要求师范学校的教员也必须持有检定证书,且经同一教员检定委员会认定适合在此类学校任教,才能担任师范学校教员。

由上可知,中国现任教员是由各种人员杂凑而成,有教会学校的毕业生,有官立、公立、私立各类普通学校的毕业生,有从海外回国的留学生,有私塾先生、业余教员、外国教员,还有师范学校、教员讲习所的毕业生。1910 年学部的统计报告表明,当年全国新式学校教员总数已达 89,766 人,与 1909 年的 73,703 人、1908 年的63,566人相比,教员人数增长显著。在这些教员中,有 84,755 人为普通文化课教员,2712 人为职业与技术学校教员,其余 2299 人在师范学校与教员讲习所任教。

这些教员资格的性质分类见下列统计表①:

		资格性质	数量(人)	百分比
普通教育	中学堂	师范学校毕业生	848	25.82
		其他非师范学校毕业生	1260	38.35
		外国教员	91	2.79
		非毕业生及未进过新式学校人员	1087	33.04
		总计	3286	100.00
	高等小学	师范学校毕业生	6867	40.20
		其他非师范学校毕业生	3172	18.57
		非毕业生及未进过新式学校人员	7005	41.01
		外国教员	36	0.22
		总计	17,080	100.00
	初等小学、幼稚园	师范学校毕业生	33,348	51.90
		非师范学校毕业生	30,978	48.10
		总计	64,326	100.00

① 《学部统计报告》,1910 年。

（续表）

		资格性质	数量(人)	百分比
师范学校	优级师范	新式学校毕业生	152	32.55
		外国留学毕业生	144	30.84
		非毕业生及未进过新式学校人员	80	17.13
		外国教员	91	19.48
		总计	467	100.00
	初级师范	师范学校毕业生	523	41.80
		非师范学校毕业生	353	28.10
		非毕业生及未进过新式学校人员	349	27.90
		外国教员	27	2.20
		总计	1252	100.00
	教员讲习所	师范学校毕业生	334	57.58
		非师范学校毕业生	126	21.73
		非毕业生及未进过新式学校人员	116	20.00
		外国教员	4	0.69
		总计	580	100.00
专门教育		新式学校毕业生	397	32.30
		外国留学毕业生	370	31.70
		非毕业生及未进过新式学校人员	297	25.50
		外国教员	122	10.50
		总计	1168	100.00
职业教育		新式学校毕业生	748	48.20
		外国留学毕业生	243	15.50
		非毕业生及未进过新式学校人员	445	28.95
		外国教员	108	7.35
		总计	1544	100.00

上表所列数据中需注意之处说明如下：第一，外国教员在高等程度学堂中所占百分比高于中等以下学堂；第二，新式学校毕业生接受任何一种专业培训都比较少；第三，未进任何新式学校或未毕业的教员反占多数。最后一种情况包括各种读过书却没有职业的人，他们以为当教员就如同坐玫瑰花床那样轻而易举，是一个工作时间少、酬金高的诱人岗位。这些事实说明，1910 年中国新式学校的教员群体还远不够专业化并无法胜任此职。其后果是一些学校中无能的教员在教学中荒谬到令人眩目的地步。然而，中国一些富于先见之明的教育家认为，中国早期师范学校毕业生也有很多不足之处。这种批评，如果确是如此也不足为怪。因为多数进入师范学堂学习的青年学子没有经过初高等小学或中等学校毕业，没有相应的思想训练作为进一步从事更高级工作的基础。加上师范学堂科目繁多，时间很短，大多数课程只能以浅显方式教学，只能学到皮毛，必然导致瞒天过海和囫囵吞枣，不仅学习效率低下，也有损于学生的健康。考虑到现在师范学生大多数选择学习正科，每周课时数有所减少，越来越多进入师范学校学习的学生是从新式小学或中学毕业的学生，可以预期今后会有一批比较优秀的师范毕业生进入教学岗位。

教育与生活的关系

至少还有一个重要的教育问题值得一提，即教育对受教育者的生活的影响。在西方各国，正规文字教育与后起的实践教育之间的争论由来已久，争论集中在儿童如何适应社会与工业的需要。

至少可以说,在理论上这个问题已经有了结果,注重实践的教育更加受到偏爱。但在中国,以上争论才刚刚开始。直到近年来,各学校才逐渐感到要调整自己的工作,以适应时代社会的变迁以及工业的需要,使学校的课程更利于学生将来谋生。的确,中国大多数新式学校都已将地理、法制等新课程列入正规课表,但在教学时常常不能顾及学生与社会生活的需要,结果导致多数热心实践教学的教育家严重怀疑新式教育能否解决中国教育的复杂问题。而在一部分教员看来,学校所教科目及其教学法如果对儿童无害,就多少有些好处。的确,这一观点已经受到极高调的反对,因其没有实现教育的期望。① 这种指责提到,学生从进学校那一刻开始就疏远了家庭生活,抛弃了社会,待他毕业后既不能务农又不能做工从商,这种教育到底有何用?虽不能说所有的新式学校都如此,然而这种说法也并非没有事实依据。如前所述,造成这一恶果的根子在于不少学校还只是灌输知识,既不顾学生入学的目的,也轻视学生所处社会的生活需要。要医治此病就必须从一些基础工作做起,包括慎重选择教学材料,改进各科目的教学方法。幸好在新的共和政府领导下,这两个问题都开始得到有识之士的高度重视。

① 江苏省教育科长黄炎培1913年秋出版一本小册子,揭露了一些学校的惊人事实,强烈提出要进一步加强学校的实践教学。

第八章　综述与结论

前述各章通过对中国公共教育制度更迭盛衰的追踪，展现其总体发展，或多或少呈现出当今教育的若干重要问题，而其中一些对未来中国教育进步有重要意义的事实，仍需做一综述。

教育与国民进步[①]

中国教育史本身就是学校教育与国民进步之间重要关系的鲜明例证。数千年来，中国的教育都偏重于文学、哲学与道德等方面，很少有现代意义上具体和实践的教育，也没有任何试验方法和归纳推理所需要的知识。这种教育十分类似于欧洲希腊文学复兴之前两百年间所盛行的训练形式。这种性质特别的教育，对中国国民与国家的发展影响巨大。将现在与过去落后环境相比较，就能了然为何中国在现代生活艺术和现代科学方面进步迟缓，直至最近十年才有所改观。自从中国海禁开通与欧美各民族开始交往以来，通过引进现代教学科目和大力赞助学生出国留学，其教育制

① 参见 Charles W. Eliot, *The Concrete and Practical in Modern Education*, pp. 1—7。（经查本书的名称应为：*The Tendency to Concrete and Practical in Modern Education*, 1913 年出版，作者全名为 Charles William Eliot。——译者注）

度发生了根本上的变化。这种变化不仅使国民生活发生令人称奇的革新,而且使国家步入改革和进步的大道。政治、工业、社会等各方面都发生了有目共睹的显著改革。教育的改良成为所有变革的枢纽。正是新教育造就了国家栋梁,他们掌好舵向才能使国家之舟进入平安的港湾。所以对教育与国民进步的关系应该得出以下结论:应大力提倡其他国家所通行并富实际效果的实用教育。

教育与政府服务

在欧洲,教育曾被视为仅仅是为宗教、医学、法律等工作做预备。在中国也是如此,很多世纪以来教育不是为实际与日常生活而设,读书只是为了做官,所以通常父母对儿子的最高理想就是步入仕途。这种观念在中国如此深入人心,以致往往轻视从事工业的人,认为其无法体现士人的价值,即便当今新式学校的毕业生仍将在政府谋得一个职位作为自己求学应得的回报。这一现实可从法政学校招考报名拥挤,而工业学校招考则应者寥寥的事实窥见一斑。求学为做官的错误观念不应当在新教育制度下再重复生存。在这方面,印度的经验足资中国人警醒。在印度,大量的青少年学子都被教育去应文官考试,以致供过于求。而印度的政治煽惑者多数为受过这种教育又求官不得的人,他们除了在政府任职已不适宜从事其他种职业。尽管现今求学为做官的观念已经逐渐淡化,然而还是应当尽快彻底从中国人头脑中消除,以更为远大的教育观念替代之。要把教育不仅当作政治生涯的准备,而且还当作农业、工业及其他各种生活的准备。这一目标实现得越快,则教育对中国的前途越有益。

集权与分权

中国究竟当以哪种教育制度为发展目标,是一个最重要的问题。就普遍情况而言,应当破除省界和地方观念,代之以全国意识;应提倡国语以替代现在各地混乱不一的方言;还要以养成共同的国家观念为重,形成遵守法律与权威的习惯。从这些方面看,似应建立中央集权的教育管理体制。而另一方面,国家土地辽阔,教育必须适合地方的需要,必须提供地方教育者实现理想的机会,同时也提供各种社会组织参与教育管理的机会,因而应该发展地方分权的教育制度。尽管一种制度的优点可能常常被证明是另一种制度的缺点,然而这并不等于说不能找到一个两全其美的方案,在融合两种教育制度的同时,保留两种制度的优点,又能避免牺牲其中任何一方的重大利益。今日中国的教育制度似乎正在朝着这个方向前行。教育部公布全国整体性的教育大纲,但同时都给地方预留了依据当地需要适当调整的空间。在学校中使用私人所编的讲义与教科书,虽须经教育部审定,但各省设立的审查图书会也有权选择适合本省的教科书。这些以及其他安排都表明一个基本事实:中国教育制度一方面在寻求统一,另一方面又为地方留下了较多的发挥余地。这样就可避免中央集权与地方分权两种制度的极端化的危险,在整体上谨慎地建立一种更明智的制度。

共和政府建立后,教育部公布法令规定,中央政府负责发展高等教育,各省政府则负责发展中等教育,各地方政府则负责发展初等教育,这也是中国现行教育行政制度的一大特色。因为要求特定级别的政府负起特定层级的教育责任,就可避免无谓的矛盾,也可避免教育行政部门投机取巧逃避责任。

学校课程

在最新教育制度中,废除经学作为必修科以减轻过重的课程负担,以及引进最新的科目,这些都是编制学校课程理所当然的正确方向。若要进一步改良课程,则可提出以下建议:将课程中的一小部分时间用于国文等记忆科目,大部分则应当用于科学、家政、音乐与画图等科目。简言之,就是要获得更多的技能。官话教学不管有多大的困难,都应当普遍推广,与国文并重,以便促进口语的统一。

在热诚学习西学时,存在着一些不可不预防的危险。由于过于强调西方教育的重要,就可能忽视对中国民众生活至关重要的教育内容,必须采取一切手段避免这种危险。应当知道,仅仅依据最适宜于西方人的准则教育中国人,不能保证得出最适合中国人的结果。必须将西方教育的长处与中国经过数千年壮阔历史被证明毫无疑义是行之有效的部分融合,才是一种适宜的教育。孟禄博士曾在江苏省教育会的演说上也发表了同样基调的讲话,他说:中国教育家的任务是保持中国古代文化中最好的精华部分,而非糟粕;对西方文化也应当取法精华,而非糟粕。它应是一个融会而非替代的过程,融会过程本身是渐进而非过于迅速或激进的。[①]

① *Chinese Students' Monthly*, 1913. 12, p. 129.

关于学校课程的材料如何选择与编制,应根据实际需求增加学校的手工、观察与练习感官的科目。无论如何,要给新一代学生创造获取具体与实用的知识、或通过实验法与归纳推理法获取知识的机会。因为,毫无疑问,近一个世纪以来,西方在艺术与科学方面的发明以及道德、机械制造、交通、财政、商务、贸易等方面的大多数进步,几乎没有一样不是通过引入精细的观察、精确的统计以及限定条件的推理而实现的。[①] 不管怎样,中国要想发展就必须对正在成长的青年进行基本的实用科学训练,练习精细的观察,学会进行精确的统计,因为新共和国的最终成功在很大程度上有赖于对青年人的这些训练。中国学校中盛行假期一群师生到农村去旅行,这确实是新教育制度中一种很好的实习方式,应该充分利用。因为师生赴郊野旅行可以使学生获得与大自然接近的机会,练习近距离的准确观察,研究实际的自然对象而不仅是学校的标本、图画或甚至仅是文字记载。

教育方法

表面上,中国抛弃了自古以来注重记忆的传统教育方法,然而种种迹象表明,这种已经实行了数千年、特征强烈的教育方法不可能在短期内完全消除。因此,毫不奇怪,不少学校中仍能看到要求学生死记硬背,很少活用教材的现象。在一些学校占主导的教学方法依然是教师讲,学生记。新学校与旧学校最常见的不

① Charles W. Eliot, *Some Roads towards Peace*, pp. 5—6.

同仅仅是记忆的科目变了,而以记忆为主的教学法却没有改变。若任由其继续下去,则掌握西学中的各种学问,无论是语言、文学、数学或自然科学,必将没有任何进步可言。如要医治这一弊端,就必须将练习观察和养成技能放在比训练记忆力更重要的位置。中国学校的师生应该像其他国家的师生那样,经常提醒自己这样一个事实:记忆力虽然是一笔巨大的教育财富,但它终究仅是实现目标的手段和工具。在此引用孟禄博士的话说:"学习语言的真实目的是能使用它表达思想;学习算术的目的是应用它解决日常生活中的问题;研究科学则是为了发展治理自然的能力去为人类服务。"①

在教育方法上,另一个应当医治的通病,是过于重视外在的形式与文字上的教学。学校的教师和学生都经常满足于接受别人已经得出的结论,而不重视具有更大价值的抽象思考过程和科学方法。医治这一弊病可通过培训自然和物理等实用科学的教师,由他们来增强学生的观察能力和对事实进行准确记录与统计的能力,然后帮助其对观察进行准确描述,再对所观察的事实进行精心推理和比较。艾略特博士曾经说:让东方人从内心上部分退出其更偏爱的文学想象与思辨哲学领域的最好方式,就是教会他们在事实和真理领域独立进步的方法。也就是要在东方学校里采用近五十年西方人行之有效的实验法和试验室法,进行科学、农业、商业、经济等各专业的教学。② 对正在成长的青年一代采用实验科学的方式教学,才能大大促进商业、工业和社会的改良。依据艾略特

① *Chinese Students' Monthly*, 1913. 12, p. 130.

② Charles W. Eliot, *Some Roads towards Peace*, p. 56.

博士的意思，这种教学方法在东方世界积极施行 50 年，必将深刻改变西方与东方思想之间的主要不同。

女子教育

从前述各章我们可以看到，尽管中国自古以来对女子的德育下了很大力气，而对于女子的智育却很少问津或根本就无。在新教育制度中，女子教育越来越受重视。政府就女子小学、女子师范与女子中学下了多道命令，这类学校纷纷成立。事实上，在全国已建立多所女子师范学校的情况下，政府还想尽快设立两所女子高等师范，这些足以显示中国人极热心于女子教育，女子教育颇见成效并已进入新的局面。或许女子高等学校不久就能获准建立，以满足女子对高等教育的需要。这样，中国女性在不久的将来就能像他国姐妹那样，在公共生活中占据更重要的位置。

教员培养

中国现行新教育制度的一大壮举就是给师范学校提供充足的财政支持，不仅免除师范生的学费，还为他们提供在校期间的其他生活费用，加上教育当局将采用教员养老金制度与薪金标准制，这样就确保了多数师范毕业生能投身教育事业。这些措施的实行将不仅充分激励大量教员从教，而且可以吸引那些博学者如海外留学归国人员进入教育界。

中国今日较大的需求是高等师范学校的增加和改良，以便培养中学教员。目前全国高等师范学校数量不足，水平也远低于期望。事实上，政府计划建立六所男子高等师范学校、两所女子高等师范学校，显示已意识到中等教育的重要，然而要培养专业的教员还必须有待相关教育政策的成功实施。

中国人非常热心并重视女子教育，事实上女子在公共生活中正占据着更为重要的位置。显著体现是，类似于一些现代国家，大多数小学校中较重要位置的教员岗位由女性担任的时代即将到来。这就提醒当下远少于男子师范的女子师范学校应当扩充。现今新式学校里女教员占全体教员总数的百分数尚无调查数据，然而无疑为数不多。原因有二：第一，在中国的社会环境下，除了女子学校外，一般的公共学校不喜欢聘请女教员；第二，能够胜任教员的男子远远多于女子。造成这一事实的原因前面已经讲到，中国的男子教育一直受到鼓励，已渐具规模，而女子教育只是近些年才开始萌芽。且女子教员如此稀少，尚不足以供女子学校所需，更无余力去男子学校当教员。的确，要聘女教员教刺绣或中文之类的课程不是难事，若要聘请女教员担任现代课程中其他科目的教学就太不容易了。在这种情况下就不得不改聘男教员，或延聘外国女教员，或作为一种变通聘用师范速成科的女教员。

中国在现有条件下须在改善在职教员的知识能力上进一步努力。为实现这一目标，教员研究会、夏季学校补习科、函授课、地方教育会、参考书籍以及欧美盛行之循环读书法等各种方式对教员的进修裨益匪浅。虽然这些方面普遍缺乏且不完备，但已经有了可喜的开端。联想到至今尚未发展起一个有效的教育监督组织，那些试图协助教师专业成长的各种组织的缺乏更显得悲惨。* 为了改善这一状况,政府须采取一些激励措施,例如发给补助或其他奖励,以鼓励教员团体进行一切提升教员素质的努力。

教育概览

这里对于中国教育状况的呈现必然不够完整。不过我们已经充分说明了中国上下一心于教育改造,而且以必胜的决心迈开步伐,其他方面的中国生活也有了良好的开端。为全国亿万国民提供教育是一个规模巨大而性质复杂的问题。成功解决这一难题,不仅需要极高的专业教育技能,还需要极大的热诚、爱国心与公益心。中国今日的教育制度依然处在幼儿期,有待改良的地方还很多,尤其将它与欧美以及其他已启蒙国家的制度相比较。尽管经历了数十年的调整与磨合,仍显示出很大的改善空间。现有学校的主要问题,是只有在最初进行如此大规模的教育改革,且又要在各方面脱离旧方法时,才会遇到的。不可置疑的是,虽然眼前困难重重,只要有充足的时间,中国有充分的自信找到解决问题的办法。目前她需要时间从由专制向共和的转型震荡中获得喘息的机会,需要时间考虑西方教育中哪些元素最适合进一步的改革,哪些元素是数千年来证明适宜于中国、需要拿出所有的勇气和韧性加以保存的。简言之,她需要时间调整自己、改革教育制度,以适应现在所处的环境。

---

* 本书商务印书馆 1916 年版此处有如下一句:"据宣统二年(1910)各省之报告,只有四省设教员研究会,以改良教育为宗旨,而各省之于上述之他种教育机关,几如凤毛麟角。"——译者注

附　　录

表1　初等小学课程表

学年 学科	第一学年	第二学年	第三学年	第四学年
修身	2	2	2	2
国文	10	12	14	14
算术	5	6	6	5
手工	1	1	1	1
图画	/	1	1	男2 女1
唱歌	/	/	1	1
体操	4	4	3	3
缝纫（女子）	/	/	1	2
一周学时总计	22	26	男28 女29	男28 女29

表2　高等小学课程表

学科＼学年	第一学年	第二学年	第三学年
修身	2	2	2
国文	10	8	8
算术	4	4	4
历史、地理	3	3	3
理科	2	2	2
手工	男 2 女 1	男 2 女 1	男 2 女 1
图画	男 2 女 1	男 2 女 1	男 2 女 1
唱歌	2	2	2
体操	3	3	3
农业（男子）	/	2	2
缝纫（女子）	2	4	4
英文	/	/	（3）
一周学时总计	男 30 女 30	男 30 女 30	男 30（33） 女 30（33）

表3 男子中学课程表

学科 \ 学年	第一学年	第二学年	第三学年	第四学年
修身	1	1	1	1
国文	7	7	5	5
外国语	7	8	8	8
历史	2	2	2	2
地理	2	2	2	2
数学	5	5	5	4
博物	3	3	2	/
物理、化学	/	/	4	4
法制、经济	/	/	/	2
图画	1	1	1	2
手工	1	1	1	1
乐歌	1	1	1	1
体操	3	3	3	3
一周学时总计	33	34	35	35

表4　女子中学课程表

学年 学科	第一学年	第二学年	第三学年	第四学年
修身	1	1	1	1
国文	7	6	5	5
外国语	6	6	6	6
历史	2	2	2	2
地理	2	2	2	2
数学	4	4	3	3
博物	3	3	2	/
物理、化学	/	/	4	4
法制、经济	/	/	/	2
图画	1	1	1	1
手工	1	1	1	1
家事、园艺	/	2	2	2
缝纫	2	2	2	2
乐歌	1	1	1	1
体操	2	2	2	2
一周学时总计	32	33	34	34

表5 男子师范学校第一部课程表

学年 学科	预科	本科第一部			
		第一学年	第二学年	第三学年	第四学年
修身	2	1	1	1	1
教育	/	/	4	4	11(其中实习9)
国文	10	5	4	3	2
习字	2	2	1	/	/
英语	4	5	5	4	3
历史	/	2	2	2	/
地理	/	2	2	2	/
数学	6	4	3	2	2
博物	/	3	2	2	/
物理、化学	/	/	3	3	2
法制、经济	/	/	/	/	2
图画	2	3	3	4(美术史1,手工3)	4(美术史1,手工3)
手工	/				
农业	/	/	/	3	3
乐歌	2	2	1	1	1
体操	4	4	4	4	4
一周学时总计	32	33	35	35	35

表6　男子师范学校第二部课程表

科目	修身	教育	国文	数学	博物	物理化学	图画手工	农业	乐歌	体操	一周学时总计
一学年	1	15（历史与理论7、实习8）	2	2	3		3	4	2	3	35

表7　女子师范学校第一部课程表

学科＼学年	预科	本科第一部			
		第一学年	第二学年	第三学年	第四学年
修身	2	1	1	1	1
教育	/	/	4	4	11（实习9）
国文	10	6	3	3	2
习字	2	2	1	/	/
历史	/	2	2	2	/
地理	/	2	2	2	/
数学	5	3	3	2	2
博物	/	3	2	2	/
物理化学	/	/	2	3	3
法制经济	/	/	/	/	2
图画	2	2	2	1（美术史）	1（美术史）
手工	/	2	2	2	3
家事园艺	/	/	/	3	3
缝纫	4	4	4	4	2

（续表）

学年 学科	预科	本科第一部			
		第一学年	第二学年	第三学年	第四学年
乐歌	2	2	2	1	1
体操	3	3	3	3	2
英语	（3）	（3）	（3）	（3）	（3）
一周学时总计	30（33）	32（35）	33（36）	33（36）	33（36）

表8　女子师范学校第二部课程表

<table>
<tr><th>科目</th><th>修身</th><th>教育</th><th>国文</th><th>数学</th><th>博物</th><th>物理化学</th><th>图画</th><th>手工</th><th>缝纫</th><th>乐歌</th><th>体操</th><th>一周学时总计</th></tr>
<tr><td>一学年</td><td>1</td><td>15
（历史与理论7，实习8）</td><td>3</td><td>2</td><td colspan="2">3</td><td colspan="2">3</td><td>2</td><td>2</td><td>3</td><td>34</td></tr>
</table>

参考文献

1. 原始文献

中国各校所编目录、报告以及期刊。

张之洞:《劝学篇》。

《教育杂志》,最近各期。

《周礼》中《天官》、《地官》、《春官》、《夏官》、《秋官》、《冬官》。

《中华教育界》,最近各期,上海。

《大清教育法令》,第1—8卷,补遗,第1—4卷。

《民国教育法令》,1912、1913年。

《江苏省教育法令》,1912年。

《学部官报》。

《江苏教育行政管理月刊》,1913年。

《礼记》中《文王世子》、《明堂位》、《王制》、《祭仪》、《学记》、《内则》。

《中央教育会议记录》,1912年。

"Report on Christian Education", *World Missionary Conference*, Vol. III.

《尚书》中《周官》。

《学部统计报告》,1907、1908、1909年。

马端临:《文献通考》中《学校考》,第46—49卷及补遗;《选举考》,第38—39卷及补遗。

容闳:*My life in China and America*(《西学东渐记》),H. Holt & Co. 1909。

2. 转引文献

Alfred E. Hippesley, "National Education in China", *Health Exhibition Literature*, Vol. XIX, London, 1884.

Biot, *Essai sur l' histoire de l' instruction publique en Chine et de la corporation des letters*, 1847.

Charles W. Eliot, *Some Roads towards Peace*, Carnegie Endowment for International Peace, Washington, D. C. , 1913.

China Mission Year Book, 1912 and 1913.

China Year Book, 1913.

Chinese Recorder, Current numbers, Shanghai.

Chinese Students' Monthly, Current numbers, Boston.

Ernest Renan, *Histoire de l' instruction publique en Chine* (In his *Melanges d' histoire et de voyages*), Paris, 1898.

Gascoyn-Cecil, *Changing China*, The Macmillan Co. , 1912.

George H. Blakeslee, *China and the Far East*, T. Y. Crowell & Co. , 1910.

H. A. Giles, *Chinese Literature*, New York, 1901.

H. A. Giles, *Chuang Tzu: Mystic, Moralist, and Social Reformer*, London, 1889.

H. B. Gravbill, "The Educational Reform in China", *Master's the-*

sis, Teachers College, Columbia University, 1907.

H. Eudo, *Confucius and His Educational Ideals*, In Proc. N. E. A., 1893, pp. 308—313.

H. U. King, "The Educational System of China as Recently Reconstructed", *U. S. Bureau of Education*, Bulletin, No. 15, 1911.

Hutchinson, *Faber's Mind of Mencius*, Shanghai, 1897.

Isaac T. Headlane, "Education in China", *Cyclopedia of Education*, ed. by Paul Monroe, The Macmillan Co., 1911.

International Review of Missions, Current numbers.

John Fryer, "Admission of Chinese Students to American Colleges", *U. S. Bureau of Education*, Bulletin No. 2, 1909.

Journal of the American Asiatic Association, Current numbers, New York.

Margaret Burton, *The Education of Women in China*, F. H. Revell Co., 1911.

P. W. Kuo, "The Effect of the Revolution upon the Educational System of China", *Educational Review*, May, 1913.

P. W. Kuo, "The Training of Teachers in China", *Master's thesis*, Teachers College, Columbia University, 1912.

Paul S. Reinsch, *The Intellectual and Political Currents in the Far East*, Houghton Mifflin Co., 1911.

R. A. Ross, *The Changing Chinese*, The Century Co., 1911.

"Report to the Regents of the University of California on the Educational Reform in China", *University of California Chronicle*, July, 1910.

"Report on the System of Public Instruction in China", *U. S. Bureau of Education*, Bulletin, No. 1, 1877.

Republican Advocate, Current numbers, Shanghai.

Robert E. Lewis, *The Educational Conquest of the Far East*, F. H. Revell Co., 1903.

Samuel W. Williams, *The Middle Kingdom*, C. Scribner's Sons, 1899.

T. C. Chamburlin, "China's Educational Problem", *Independent*, September 22, 1910.

Teng Hwee Lee, *The Problem of New Education in China*, Bruges (Belgium), A. Moens Patfoort, 1911.

W. A. Martin, *The Chinese: Their Education, Philosophy, and Letters*, Harper Brothers, 1881.

W. A. Martin, *The Lore of Cathay*, F. H. Revell Co., 1901.

World's Chinese Students' Journal, Current numbers, Shanghai.

Yen Sun Ho, *Chinese Education from the Western Viewpoint*, Rand McNally & Co., 1911.

《教育史》。

《中国教育史论》。

郭秉文先生学术年表*

1880 年(光绪六年)

2 月 16 日生于上海,字鸿声,祖籍江苏江浦。

1896 年(光绪二十二年)

毕业于上海清心书院。

1897 年(光绪二十三年)

在上海清心书院任教一年,后在海关、邮政、浙江产金局等处任职。

1908 年(光绪三十四年)

赴美国留学,入俄亥俄州伍斯特大学。任《中国学生月刊》总编辑、《伍斯特之声》主笔、中国赴美留学生会会长。

1911 年(宣统三年)

获伍斯特大学理学学士学位,入哥伦比亚大学师范学院学习。

1912 年

获哥伦比亚大学示范学院教育学硕士学位,继续攻读博士学位。

1914 年

获哥伦比亚大学教育学博士学位,学位论文为《中国教育制度

---

* 本年表由储朝晖撰写。

沿革史》(*The Chinese System of Public Education*)。回国后任上海商务印书馆编辑。

1915 年

参与南京高等师范学校筹备工作,任教务主任至 1919 年。博士论文英文版为哥伦比亚大学师范学院印行。发表《中国现今教育问题之一》(《东方杂志》第 12 卷第 1 号)。

1916 年

任清心书院及省立浙江学院院长。任日本及菲律宾教育考察团主任,兼欧洲考察团主任。商务印书馆出版依据郭秉文博士论文译述的《中国教育制度沿革史》。

1917 年

获上海圣约翰大学颁赠的法学博士学位。发表《郭秉文先生演讲德美设施职业教育之方法》(《教育与职业》1917 年第 2 期)、《美国农业推广部》(《中华教育界》1917 年第 6 卷第 5 期)。

1918 年

3 月 21 日,江谦因病休养,由郭秉文代理南京高等师范学校校长。

1919 年

9 月 1 日,教育部正式委任郭秉文为南京高等师范学校校长。兼任上海商科大学校长。在《新教育》先后发表《记欧美教育家谈话》(第 2 卷第 1、2 期)、《欧美教育资料》(第 2 卷第 2 期)、《美国全国道德教育会宣言》和《战后欧美教育近况》(第 2 卷第 4 期),另发表《郭博士报告战后欧美教育》(《教育公报》第 6 卷第 11 期)等。

1920 年

在南京高等师范学校基础上筹建东南大学,与陶行知等人决定"南高"自 1920 年暑期正式招收女生。

1921 年

东南大学正式建立，兼任东南大学校长。《新教育》杂志策划《民国十年之教育》专题，郭秉文撰写《十年度之高等教育》（第 4 卷第 2 期）、《十年之教育调查》（第 4 卷第 3 期）。

1922 年

任上海商务印书馆编译所所长，编译出版《英汉双解韦氏大学字典》。

1923 年

6 月，“南高”正式并入东大，郭秉文继续任东南大学校长。作为中国首席代表出席世界教育会议，连续三次被推举为世界教育会副会长兼亚洲分会会长。中华教育改进社编撰系列丛书作为世界教育大会材料，其中有郭秉文著单行本《民国十一年之高等教育》和《中国近代教育之进步》。发表《民国十一年之高等教育》（《新教育》第 6 卷第 2 期）、《五十年来中国之高等教育》、《太平洋各国大学如何最能增进国家了解与友谊》（《教育与人生》1923 年第 5 期）。

1924 年

任中华教育文化基金董事会董事长，任该职至 1929 年。

1925 年

教育部颁发训令，免除郭秉文东南大学校长职务。赴美国担任芝加哥大学哈里斯基金学院讲座，任中华教育促进会会长。

1926 年

在美国费城组织“中国五千年教育文化发展”的图片展览。与孟禄在纽约创立华美协进社（China Institute in America），任首任社长，促进中西文化交流。

1927 年

发表《费城博览会中国展览第三次报告》(《新教育评论》第 3 卷第 9 期)。

1928 年

中华书局出版舒新城编《中国新教育概论》,内有郭秉文撰写的《中国之高等教育》。

1930 年

任中国国际研究所所长。

1935 年

任《中国季刊》发行人至 1937 年。

1944 年

任在美中国学生设计顾问委员会主席至 1957 年。

1945 年

任"教育部"在美教育文化事业顾问委员会委员至 1957 年。

1947 年

任华府中美社会科学协会总干事至 1957 年。

1957 年

任"教育部"在美教育文化事业顾问委员会主任委员至 1969 年。

1958 年

创办华府中美文化教育协会并主持会务。

1967 年

获台北中华学术院名誉哲士。

1969 年

逝世于美国。

从历史中领悟中国教育的维新变革

储朝晖

郭秉文是一位有教育家天赋，也有志于教育大业的难得人才。他在自己的博士论文扉页上写道："谨以此专著献给所有对中国教育发展感兴趣的人们。"但历史阴错阳差，一批信奉党化教育的人合谋在 1925 年初罢免了他国立东南大学校长的职务，也就中止了他的教育职业生涯。虽此后他还涉及教育事业，但失去了在教育上充分发挥其才干的机会，这是近百年中国教育史上的一个重大损失。

一

郭秉文是第一位从哥伦比亚大学获得教育学博士学位的中国人，《中国教育制度沿革史》(*The Chinese System of Public Education*)是他的博士论文，英文原作 1915 年由哥伦比亚师范大学教育学院出版，并由导师孟禄教授作序。1916 年商务印书馆出版了由周槃译述的文言文竖排中文版，加入黄炎培所作的序，同时删去了郭秉文的前言和参考文献、索引，去掉了脚注，改动了绪言，内文也有多处删改。1922 年商务印书馆出版了该书的竖排第三版，2007 年福建教育出版社将其列入《二十世纪中国教育名著丛编》之一，依照商务印书馆 1916 年的版本出版了该书的横排简体中文版。

商务印书馆决定将该书列入《中华现代学术名著丛书》，就涉及如何出版的问题：是出版 1916 年用文言译述的不完整版本，还是依据该书的英文原文译成现代汉语的完整版本。正当举棋不定之时，恰遇东南大学 110 周年校庆，郭秉文家族七人代表团来校参加校庆和郭秉文铜像揭幕仪式。郭秉文先生的侄孙女徐芝韵女士同意出版该书，并准备 2014 年在纽约召开郭秉文哥伦比亚大学博士毕业 100 周年纪念会。在商务印书馆与徐芝韵女士确认出版授权的过程中，徐女士坚持认为郭秉文先生的博士论文 *The Chinese System of Public Education* 一直没有中文版，并希望能出版简体中文版。

若深入细究，*The Chinese System of Public Education* 与商务印书馆 1916 年版的《中国教育制度沿革史》应是同一本书；同时，郭秉文先生的后人徐芝韵坚持认为 *The Chinese System of Public Education* 一直没有中文版也不是没有道理的。因为周槃当年的“译述”并非依据规范的标准翻译，而是依据原文大意使用当时通用的文言文译了大概。由于文言文与现代英语之间互译性的限制，所以行文与英文原意出入较多也较大，语言风格偏于古雅，作者原意难以被细微准确表达，一些富于远见卓识的独特学术价值和参考意义难于为当今人感受到，文献价值远大于传播价值。于是，商务印书馆确定由我重新用现代汉语来翻译该书，以便学界参阅利用。东南大学高教所耿有权教授得悉此事无偿提供了他从英国购买来的 1915 年哥伦比亚大学出版的郭秉文博士论文英文原版复制本。

尽管本人多年从事教育史专业研究，不只对郭秉文有所研究，也多年研究郭秉文曾经的同事陶行知，对相关史实比较熟悉，但开始本书的翻译工作后，才真正感到依然有不小困难。核对原始文献就是一大难题，其中还包括文中所引用一些国外作者研究中国的文献。由于商务印书馆1916年版完全删除了脚注，使得这项工作量很大，查找起来比较费时。在重译的过程中，我主要做了以下工作：尽可能找到文中所涉中文文献的出处，行文尽可能使用规范的现代汉语、历史术语和教育学术语，在深刻领会郭秉文的博士论文英文原文基础上做细致的校译，尽可能保留原貌；同时为符合现今的语言特点和阅读要求，尽可能晓畅明白。再就是依据英文原文，全部补齐了1916年版删除的脚注以及书后的参考文献，对文中不准确的引文或事实加上“译者注”以作说明。所有这些努力都致力于使原作重新焕发光彩。

二

准确地说，《中国教育制度沿革史》是第一本以非中国传统视角、用英文介绍中国教育体制沿革的书。郭秉文之所以选定这个选题，与当时世界对中国新教育时代的关注有直接关系，他没有选定当时美国的新教育思潮作为博士论文的选题，而是选定以中国人的立场向英语世界的读者系统清晰地梳理中国教育复杂的历史，并从中国公共教育制度演变入手，透视古代及传统教育制度在朝代更迭背景下的兴衰，以及在共和体制下现代教育体系的重组，诠释其与当时中国发生的教育维新运动的联系。这种研究正与外界想了解中国当时正在发生什么变革及其历代教育制度渊源相契合。

这篇具有通史性质的教育制度史论著,分为八章。全书显出简古厚今的特征,古代内容相对简略,主要从学校形式、教育宗旨、教育内容、教育方法、选举制度等方面选择性地介绍,重点描绘和分析了1842年以后中国现代教育萌生和发展的详尽过程。

相对于中国卷帙浩繁的教育文献,本书不是精细考据的专著,而是教育史纲要。同时它又颇有新意:一方面勾勒出了比较精要的内容,并准确点明中国古代教育宗旨在于陶冶国民的性情,凝聚民心,使国家趋向稳定统一。另一方面改变了中国传统的叙事方式,避开了写成全史的模式,限定研究对象和研究范围,仅集中讨论中国自上古以来的"公共教育制度"沿革概况。再就是没有严格按朝代划分,仅仅分为古代、现代,其间没有巨变的年代便以"后继各朝"代称,更加注重按教育内在特质划分;章下各节也没有依经史子集的逻辑选择内容,而是依照当时兴起的分科研究的逻辑列出主题。这种写法本身使得世界各国对于中国教育发展的历史有了比较大的共同兴趣点,因而使其具有更为广泛的借鉴价值,正面的例证可以作为模范和指南,反面的例证也可作为前车之鉴。

本书讨论的主题"公共教育制度"虽非中国传统的视角,却是当时中国教育变革的现实需要。所以本书事实上是依据当时哥伦比亚大学的学术视角和中国教育变革的现实需求,叙述中国教育管理的历史演变,既方便西方学人了解中国教育历史,也有利于当时中国人从历史中找到变革现实的历史借鉴。若以西学来看,它不够西学;若以中学来看,它又不够传统正宗,是西学话语中的中国教育制度沿革史。

这样分析得出的一些结论即便在百年之后的今天看，仍有惊人之处。比如认为宗教、政治和好古心是决定中国教育命运的三大因素，其中“好古心”使中国人追溯既往的荣耀，而忽视未来的进步，昧于人类进步的公理，以为复古则万事莫不达到至臻尽善境界，于是一言一动必尽心模仿，古代圣贤不可超越，由此压抑了当下的创造。

再如作者在简述完1840年以前的教育演变后，不乏卓见地概述中国新教育到来前夜的教育状况道：

> 由政府主办的高等教育并非为发展教育而教育，而是以它作为实现其他目的的工具。其中最大的目的就是使国家安宁。实现这一目标需要有治事能力的官吏，教育是培养称职官吏的手段。……政府对教育的态度也必定在人民中得到反映。对于多数人来说，教育不过是进入官场的工具。所以对于那些不想进入仕途的人，除日用知识外，一切以功名为目的的知识对于他们都毫无用处。……从未有过一个由国家维持、且为大众教育造福的普通教育体系。的确，所谓公共教育几乎全靠私人或团体的善举。政府则一味充当采果人，以功名、官职与其他种种荣誉作为奖励，却从不过问栽培灌溉。①

还有对清末教育变革的决心，现在不少人可能仅简单理解为保守，郭秉文在此则道出了真实的状况：“清末，政府对于新教育的态度绝不像胆怯的没有经验的海浴者。它已不是一次跳水，而是

① 见本书第65—66页。

一而再，再而三，不惜任何代价为人民兴办新教育。”[①]并对那一段教育的社会作用做出高度评价：

> 辛亥革命以前的教育状况，集中体现了新教育在知识、思想和生活的卓著影响。不少决策者都有一个共识，中国的革命运动在很大程度上归功于中国的学堂和大学。受到新教育思潮影响的学生，无论长幼，不能满意于现状，并有了改革社会与政治的热切愿望。的确，正如孙中山和其他杰出革命人物所反复强调的：教育是成功推翻君主专制政体、建设新的民国政府的关键。[②]

而关于辛亥革命对教育发展的影响，作者没有一味唱赞歌，而是道出了它被迫中断“预备立宪的分年筹备教育计划”的真相，而这项计划如果真能逐渐推进，则到1916年末“中国的教育制度不难与世界上最发达的教育制度一比优劣”[③]。革命还导致教育经费被移作军费，校舍被充作军营，校具和书籍仪器被抢掠毁损，学校停课或被废弃，“使正处在发展前行中的新教育遭遇顿挫”[④]，然后再讲共和政府的各项发展公共教育的新举措，这对全方位看待历史事件有重要的参考价值。

本书的第七章“当今国民教育的重要问题”和第八章“综述与结论”从史实叙述转向问题讨论，抓住教会教育、道德教育、公共教

---

① 见本书第112页。
② 见本书第115页。
③ 见本书第96页。
④ 见本书第116页。

育制度以及教育中的人、财、事（普及教育）和教育与生活关系等关键问题展开讨论，批评当时不少学校"还只是灌输知识，既不顾学生入学的目的，也轻视学生所处社会的生活需要"，认为："为全国亿万国民提供教育是一个规模巨大而性质复杂的问题。成功解决这一难题不仅需要最高的专业教育技能，还需要极大的热诚、爱国心与公益心。"①

从七、八两章向回看，就能更加清晰地发现，作者是从当时的教育实际问题出发，审视历代中国教育制度的得失优劣。从这一视角看，作者对各章节内容的选择意图更为清晰，也更有意思。主要表现为：

一是用统计等科学方法研究中国教育史。在古代文献方面，作者充分利用马端临《文献通考》中的材料；在研究近代教育制度沿革时，充分利用政府的教育文件，也吸纳了一些欧美汉学研究学者对中国教育历史的评价，并采用数理统计的方法进行比较和分析。

二是突破编年体的体例，以问题为线索展开讨论。不仅各章讨论的是问题，各节也是由一个个问题组成的体系。民国成立前后的内容更是教育界关注的热点问题，如：就教会教育问题，分别从政府应取何种承认与管理制度；所取制度是否为教会所欢迎；于政府本身有何好处等方面展开，在参考日本与印度政府对教会学校的管理办法后，认为合适的办法是采用一面承认其合法，一面加强管理控制的做法，必须要其与国立学校执行统一的教育标准，建议政府制定教会学校管理与监督的法规时可以参考私立学校管理

① 见本书第168、177页。

办法，充分利用其补充政府经费不足。

三是本土意识的普适化。由于本书的内容是中国教育制度沿革，决定了它不可能不本土化；然而写作本书的初始目的不是给中国人看，也并非在中国本土文化氛围中作研究，而是尽可能给英语世界的研究者看，因此必须使用普适的标准做写作，用源自西方的教育学科将古代文献转化为各种语言文化可接受的话语，将本国之国粹转化为教育学共同的原理加以表述。这点在对该书作翻译时感触更为深刻。

正是由于郭秉文的这些努力，才产生胡适所说的结果："1920年代在各国人士眼睛里，中国外交界上只有顾维钧、施肇基，教育界上只有郭秉文。"①

三

郭秉文获得哥伦比亚大学博士学位后回国，他在教育上的建树与他在这本书中对中国教育制度历史沿革的感悟直接相关。他在明了中国教育的优劣和需要的基础上，利用西方教育资源变革中国教育，并形成独特的教育理念，并以之创设东南大学。

20世纪早期，中国教育学科创立艰难曲折，中西交流与融合是主要方式，教育学者们不断推进融合的过程。郭秉文就读的哥伦比亚大学有一套较系统的体现民主精神的管理规范，这些都在郭秉文日后执掌东南大学的过程中留下了深深的印痕。

① 胡适：《胡适来往书信选》(上)，中华书局1979年版，第234页。

郭秉文充分利用西方学术这方面是常被研究者忽视的，其实这是形成其个性的关键所在。与罗振玉1901年创办中国最早的教育专业杂志《教育世界》、王国维译介的第一本完整的教育学著作立花铣三郎的《教育学》不同，郭秉文所作所为的标志性不那么明显。作为留美博士，郭秉文受过哥伦比亚大学的系统教育专业训练，深受实验主义教育思潮熏陶，这些在本书的各部分都有所展现，如表现为：

他倾向以儿童为中心，而非中国传统的群体本位。如在论证教育与道德养成之关系时，认为道德教育若离开儿童真正生活而"注入"儿童的头脑，是没有任何价值可言的；故道德知识非有儿童的真实行为，不可能变成儿童的能力与习惯，从而强调"知行合一"。

他倾向学生自治而非管制。学生自治与学校监管之间的摩擦成为新教育兴起后的矛盾爆发点，郭认为重要的原因是教师素养不合于新教育之责任。由于新教育始兴，教师多来自旧制学校，仍习惯于用"强压与傲慢的精神"对待学生，学生不满教师的态度，矛盾就会激化。对此，郭秉文建议慎选校长、提高教师素养和培育学校全体合作之精神。他虽看到"富于自治精神之美国"实行学生自治制度的结果是"失败尚多"，认为中国学校要吸取美国的教训，不可骤然改"严厉的管理"而进入"学生自治时代"，却在东南大学同意陶行知的提议，废除了学监，设置学生自治委员会。

他主张借鉴西方私立学校备案法规，奖励和改良中国私立学校。中国历代私学兴衰跌宕，直至民国年间，由于法规章程不健全，优劣并存。历史上政府对私学或大力提倡，或严厉禁绝，郭主张通过健全的规范来改良私学，为民国私立学校规程的颁布奠定了理论基础。

正因为此,郭秉文通过教育交流积极促进中国教育对世界教育资源的利用。他从1923年起连续三届当选世界教育会副主席兼亚洲分会主席,1926年后又在美国与他的老师孟禄一起创立"华美协进社",并担任首任社长,1945年任"教育部"在美教育文化事业顾问委员会委员,1947年任华府中美社会科学协会总干事,1957年任教育部在美教育文化事业顾问委员会主任委员,1958年创办华府中美文化教育协会并负责主持会务,直至1969年去世,他一直致力于用美国的教育资源为华人教育做贡献。

简言之,他一方面向美国宣传中国教育历史文化,另一方面促进中国对美国教育资源的利用,他对中美教育文化交流所作的工作成为一生所系,并发生了重要影响。

四

执掌东南大学是郭秉文的代表性功绩。这一功绩的价值不只在于他创立了当时与北大并驾齐驱的大学,而且在于他创设了一种新的大学体制,这种创新本身依然可以看出他在受中国教育史的启发后,对中国教育变革所做出的具体答卷。东南大学的创建是郭秉文办学生涯中最辉煌的一页。正是由于其在东南大学的创立和发展过程中所发挥的无可替代的巨大作用,郭秉文被人们誉为"东南大学之父"。

1914年8月,江谦受命筹备南京高等师范学校,第一着棋就是函聘即将拿到博士学位的郭秉文为教务主任,并请他为南高延揽师资。郭秉文一拿到学位,旋即回国,协助江谦筹备南高,要将他所学到的教育理论应用于实践。1915 年 8 月 11 日,南京高等师范学校正式招生。1918 年 3 月 21 日,江谦因病休养,由郭秉文代理校长。1919 年 9 月 1 日,教育部正式委任郭秉文为校长。其时正值"五四"运动,在时代潮流推动下,郭秉文着手对南高进行了一系列改革,其中包括开"女禁",倡男女同校。1921 年 9 月,国立东南大学正式成立,郭秉文任校长。他所创立的东南大学体制可简括为:四个平衡、三育并举、学术并重、民主治校、服务社会。

"四个平衡"为其办学方针,即:(1)通才与专才平衡,正科重通才教育,专修科重专才教育,两者互相调剂,相辅相成。(2)人文与科学平衡。(3)师资与设备平衡。郭秉文执掌南高与东南大学期间,对聘请教师尤为重视,所延教授皆为一时英秀,如刘经庶、汤用彤、陈衡哲、陆志韦、柳诒徵、吴宓、梅光迪、任鸿隽、胡刚复、竺可桢、孙洪芬、张准、熊庆来、陶行知、陈鹤琴、郑宗海、廖世承、徐则陵、程其保、孟宪承、汪懋祖、邹秉文、秉志、茅以升等。东南大学一时名师荟萃,获得"中国第一所现代国立高等学校"等诸多美誉。在大量罗致名师的同时,不断增添设备,兴建科学馆、气象台等,逐步改善办学条件。(4)国内与国际平衡,在国内各大学多方搜罗人才的同时,在国外广求智识于世界,邀请学者杜威、罗素等来校讲学。

"三育并重"即强调训育、智育、体育三者并举,使学生在体魄、精神、道德、才能、学术等方面都获得较好发展。

"学术并重"体现为加强文理科学术研究,鼓励实验,促进科学进步;注重工农商科专业教育,推动经济发展。平衡专业教育和自由教育,率先实行选科制、学分制和改行教学法,以利学生志趣和才智的发挥。郭秉文不太赞同当时"学"与"术"分离的做法,典型的表现是,他主张高等师范学校应并入综合大学,使综合大学兼有培养师资的功能。他认为要培养上乘的教师,必须"寓师范于大学",中学以上的教师必须有广博的基础知识,而在一个学科门类齐全的综合大学里,能够很好地协调通才与专才的关系,使通才不致空疏,专才不致狭隘。"南高"和"东大"就是郭秉文这一思想的试验场。当时执教于东南大学的茅以升曾评价说:"东大寓文、理、农、工、商、教育于一体,此种组合为国内所仅见,意义深远。"[①]郭秉文"寓师范于大学"的理念于此变为了现实。

郭秉文以民主与科学精神治校,倡行民主治校,学术自由;主张"学者不干预政治"、"学者不党";注意培养学生自觉、自治的良好风尚。学校的最高权力机构为评议会,在学校行政管理上设置董事会,还设置了十几个委员会。由中华书局出版的《学衡》即为该校学人创办,在创刊号"弁言"中,柳诒徵申明该刊宗旨:"以中正之眼,行批评之职事",以"无偏无党、不激不随"的态度"论究学术,阐求真理,昌明国粹,融化新知"。[②] 因出版《学衡》而形成的"学衡派"成为东南大学的一道风景。"学衡派"与新文化运动倡导者之间的争论,显示"学衡派"在"四面楚歌"中独树一帜的学术风骨。当年以"昌明国粹"为宗旨的"学衡派"和以发展科学为职志的中国科学社,它们的大本营竟同在东南大学,而且在人员上还有交叉,如"学衡派"中的主将梅光迪、胡先骕、汤用彤均是科学社的成员,吴宓也是哈佛的博士。这种格局充分体现了东南大学自由的

① 茅以升等:《建设土木工程及电机工程案》(1923 年 3 月),《南大百年实录》,南京大学出版社 2002 年版,第 206 页。

② 创刊弁言,《学衡》创刊号,1922 年 1 月。

风格。

在职能定位上，北大模仿的是欧洲大学，强调通识教育；而东南大学模仿的是美国大学，强调服务社会。为此，他把商科设在当时中国的经济中心上海，支持教育科在全国率先开办暑期学校，培训全国各地的教师，推动农科确立“为农民服务，为中国农业改造服务的宗旨”。东大教育科还举办了许多其他“推广事业”，如推广平民教育，义务举办“昆明学校”、“明陵小学”，为乡村失学儿童进行义务教育等；农科则通过组织农村巡回演讲团、农业展览会，普及农业科学知识、技术，推广优良品种、农具，宣传防治作物病虫害的方法、药剂等；商科则通过坚持办商科夜校、商业补习学校、暑假补习学校等形式，为各界有志于学的青年提供业余学习提高的机会。

东南大学的体制意义在于它既非模仿日本，也非简单学欧洲，而是基于对中国教育历史的深刻感悟，及对美国大学模式借鉴后的移植。学校订有章程，选科制、评议会、教授会等各自发挥作用。作为东南大学的创建者、中国现代高等教育的主要开拓者之一，郭秉文的现代大学办学思想和实践，对中国现代高等教育的发展有着重要的影响。